ÍNDICE

Declaración de Intenciones..7
Sinopsis 9
Capítulo 1.   Entender el Juego..13
    Así funciona la Bolsa 13
    ¿Por qué invertir? 14
    Qué se compra y qué se vende..15
    Índices bursátiles 20
    Cómo ganar...22
    El Precio Justo 25
    Un juego de suma negativa...25
Capítulo 2.   Definir tu Estrategia...27
    ¿Inviertes o especulas?...27
    Capacidad Inversora 28
    El tiempo a tu favor 29
    Gana mucho, pierde poco 30
Capítulo 3.   Elegir Caballos Ganadores 32
    ¿Análisis Técnico o Fundamental? 32
    Análisis Fundamental 33
        Enfoque del Análisis Fundamental 34
        Análisis Internacional 35
        Análisis Nacional 36
        Análisis Sectorial...37
        Estudio Fundamental de la Empresa 37
    Análisis Técnico 48
        La Importancia del Volumen 49
        Análisis Chartista 51
        Indicadores 73
    Análisis Bursátil..81
Capítulo 4.   Controlar el Riesgo 86
    Psicología del inversor 86

- El binomio rentabilidad-riesgo 88
- Tantos años, tanto riesgo 89
- Diversifica y ganarás 90
- Probabilidades 91
- ANEXO I: Ejemplo de análisis – McDONALD'S 92
  - Análisis fundamental 92
  - Análisis técnico 100
  - Análisis bursátil 104
  - Conclusión 105
- ANEXO II: Ejemplo de análisis - CARBURES 107
  - Análisis fundamental 107
  - Análisis técnico 112
  - Análisis bursátil 114
  - Conclusión 116
- ANEXO II: Prepararse para Invertir 117
  - PaperTesting 117
  - Compras y Ventas En Práctica 118
  - Cuando Elijas tu Bróker 119
  - Plataforma operativa 121
  - Fuentes de información 122
  - La voz de los expertos 123
  - Libros recomendados 124
  - Diccionario de Bolsa 126

Declaración de Intenciones

Seré sincero. No soy un experto inversor o trader de Bolsa, ni tampoco pretendo serlo; y mucho menos intento vender este libro como una panacea financiera que te dará las claves definitivas para hacerte millonario sin mover un dedo, pues semejante cosa NO EXISTE.

NO EXISTE ninguna fórmula mágica para ganar en Bolsa; NO EXISTE la inversión híper rentable sin riesgo; y NO EXISTE la manera de hacerse rico sin esfuerzo. Por muchos charlatanes que vendan fórmulas con títulos ambiciosos nada de eso existe. Y si alguien te dice lo contrario desconfía de él, pues sólo quiere limpiarte la cartera.

Sin embargo hay gente que gana dinero en Bolsa. ¿Por qué? Pues porque SÍ EXISTEN maneras de elegir inteligentemente la mejor inversión de acuerdo a la situación personal de cada uno; SÍ EXISTEN formas de controlar el riesgo; y SÍ EXISTEN estrategias que a largo plazo son estadísticamente ganadoras.

En este libro resumo lo que he ido aprendiendo durante los últimos años a base de comprar y vender acciones, de experiencia real, y también de leer unos cuantos libros, blogs, etc. Se trata de ofrecer una visión global para entender cómo funciona la Bolsa y cómo poner nuestros ahorros a producir, de mover el dinero inteligentemente, de ponerlo a trabajar para uno mismo en vez de trabajar nosotros para el dinero.

Sinopsis

Ofrezco al lector una guía básica pero suficiente para invertir de forma consciente, controlada e inteligente en Bolsa; unas pautas generales acordes a la teoría, la lógica y la práctica; una visión estructurada en 4 pilares clave para dominar la inversión exitosa:

1. Entender el juego
2. Definir tu estrategia
3. Elegir caballos ganadores
4. Gestionar el riesgo

Controlando estos 4 pilares se puede invertir con éxito, ¡el resto solo es práctica y experiencia!

"Entender el juego" significa comprender el funcionamiento de la Bolsa, sus entresijos, conocer con detalle qué productos se compran/venden y cuándo, cómo y por qué cambian sus precios, saber cómo acceder a esos productos y los gastos involucrados en cada operación. En definitiva, entender la Bolsa. Entender el juego es la base de conocimiento sobre la que se asientan el resto de procesos que nos llevarán al éxito en Bolsa.

"Definir tu estrategia" supone el conocimiento de tu situación personal y financiera para establecer unos objetivos adecuados y definir un plan o estrategia para conseguirlos. Factores como la edad o la cantidad de ingresos prescindibles determinan la capacidad de asumir riesgos y por tanto marcan la estrategia a seguir para alcanzar nuestros objetivos financieros. La estrategia debe ser revisada periódicamente y redefinida si fuera necesario según cambien las condiciones y, por tanto, este es un proceso recurrente.

"Elegir caballos ganadores" significa seleccionar las mejores opciones de inversión de acuerdo a nuestra estrategia, por ejemplo, las acciones más rentables. Esto supone un estudio previo exhaustivo de todas las opciones posibles y requiere de las habilidades técnicas necesarias. Es necesario revisar continuamente nuestras inversiones para evaluar si siguen siendo las más adecuadas o conviene hacer cambios.

Por último, pero posiblemente lo más importante, resulta imprescindible para cualquier inversor "Gestionar el riesgo". Aunque se realicen estudios avanzados y profesionales, cualquier inversión conlleva una incertidumbre intrínseca y nadie puede estar seguro al 100% de que tal inversión va a salir bien y cumplir las expectativas. Por consiguiente, un buen inversor se cubre las espaldas ante un posible fracaso, sea cual sea la causa. La gestión del riesgo debe estar siempre presente para no estar demasiado expuestos a los caprichos de la casuística. Prácticas elementales como "no poner todos los huevos en la misma cesta" nos ahorrarán más de un disgusto.

En resumen, estas 4 claves definen un mapa de procesos claro para alcanzar el éxito en Bolsa:

Capítulo 1.   Entender el Juego

Antes de jugar hay que saber a qué nos enfrentamos y cuáles son las reglas del juego. En este capítulo aprenderemos cómo funciona la Bolsa y cómo se puede ganar dinero en ella.

Así funciona la Bolsa

Imaginemos que tenemos una empresa que funciona bien y decidimos ampliarla (por ejemplo una expansión geográfica o una ampliación hacia otros mercados). Para ello necesitamos contratar personal, abrir nuevas oficinas, comprar maquinaria, alquilar almacenes, etc. Es decir, necesitamos DINERO.

Si la cantidad que necesitamos es pequeña podemos pedirla prestada a un familiar, a un amigo o incluso al banco. Pero, ¿y si necesitamos tanto dinero que ni siquiera entre todos los prestamistas posibles conseguimos cubrir la cantidad necesaria? ¿Y si los intereses a pagar por el préstamo salen demasiado caros? Todavía nos queda una opción: realizar una ampliación de capital.

Una ampliación de capital consiste en emitir participaciones (acciones) de la empresa; estas nuevas acciones pueden ser adquiridas directamente por los socios de la empresa (así cada uno aportará más capital pero su porcentaje de participación en la empresa seguirá siendo el mismo) o vendidas al público general en la Bolsa (se admiten nuevos socios en la empresa). El dinero que el comprador ha pagado por sus acciones pasa a formar parte del capital social de la empresa y puede ser usado para emprender nuevos proyectos. Cuando el inversor decida desprenderse de las acciones y recuperar su dinero acudirá de nuevo a la Bolsa para encontrar otro comprador a quien vender si participación.

La Bolsa es, por tanto, el lugar donde se ponen en contacto vendedores y compradores de acciones. Sus funciones son principalmente 3:

- **Canalización del ahorro** hacia la inversión productiva: poner en contacto inversores con empresas permite a éstas financiarse, lo que supone un papel vital en el desarrollo económico.

- Proporcionar **liquidez** al mercado: permite que un inversor pueda invertir o desinvertir su dinero rápidamente según sean sus necesidades, y, por tanto, que una empresa se financie rápidamente. Imagina que tuvieses dinero invertido en acciones de una empresa y de repente, debido a un imprevisto, necesitases ese dinero urgentemente. Si no existiese la Bolsa podrían pasar días, semanas o incluso meses hasta que encontrases un comprador. En ese caso, la próxima vez que te lo pensarás dos veces antes de comprar acciones de cualquier empresa y eso ralentizaría el mercado.

- Aportar **seguridad** a las operaciones y al inversor: todo mercado de compra-venta de acciones en la Bolsa está regulado por algún organismo (en España por la Comisión Nacional del Mercado de Valores, CNMV). El objetivo de dicho organismo es velar por la transparencia de los mercados de valores y la correcta formación de los precios y proteger a los inversores frente a posibles fraudes.

Además, la Bolsa ofrece transparencia a los inversores mediante información veraz sobre las empresas que en ella venden sus acciones y da a pequeños ahorradores acceso al capital de las grandes empresas, entre otros tantos beneficios.

Aunque he estado hablando de acciones, en la Bolsa también se negocian otros productos financieros: deuda pública, deuda privada, bonos, obligaciones, derechos de suscripción...

¿Por qué invertir?

Preguntad a vuestros abuelos cuánto pagaron por su vivienda, o a vuestros padres cuánto les costaba ir al cine cuanto eran adolescentes. Seguro que las cifras parecen ridículas. ¿Por qué a nosotros nos cuesta más todo? Señalemos a la inflación y echémosle la culpa.

Cada año el coste de los productos y servicios aumenta. La gasolina que el año pasado valía 1,20 euros/litro este año vale 1,25; el kilo de patatas es más caro este año que el pasado; y seguramente un apartamento en la playa valga más dentro de un par de años que ahora (aunque por fin hemos aprendido que el precio de los pisos también puede bajar). Este aumento generalizado de los precios se llama inflación y es imprescindible protegerse de ella.

Supongamos que tenemos 1000 euros ahorrados y como no los necesitamos los guardamos debajo del colchón. Supongamos también que el año que viene los precios suben un 3% y el siguiente un 4%. En total dentro de 2 años los precios habrán subido un 7%, es decir, necesitaremos un 7% más, o sea 1070 euros, para comprar lo mismo. ¡Hemos perdido dinero sin hacer nada! Esta es la razón por la que debemos protegernos de la inflación, para que cuando necesitemos nuestro dinero con él podamos comprar las mismas cosas que antes.

A las empresas también les pasa lo mismo, y no solamente con su dinero sino también con sus edificios, su maquinaria, etc. Por eso están obligadas a ganar suficiente dinero para, además de lucrarse, reinvertir en la empresa y que el valor de esta no se vea afectado por la inflación. Si esto sucede correctamente las acciones de la empresa se revalorizarán proporcionalmente superando así la inflación, y el dinero que hemos invertido estará protegido.

Protégete convenientemente de los efectos de la inflación y tus ahorros no perderán valor.

Qué se compra y qué se vende

Existen infinidad de productos financieros en el mercado y aunque este libro se centra en las acciones de empresas cotizadas, aquí va un resumen de los productos más importantes:

- **Valores Negociables**:
  - **Renta Fija**: Títulos que emiten las instituciones públicas o las empresas para financiarse. Comprando esos títulos el inversor está prestando dinero bajo el compromiso de que se le devolverá en un plazo determinado y compensándole con unos intereses. Garantizan por tanto una rentabilidad y la recuperación de la inversión aunque también se especula con estos productos (y se puede perder dinero) comprándolos cuando los gobiernos/empresas van mal y ofrecen intereses altos y vendiéndolos a un precio nominal mayor cuando las cosas mejoran y los intereses son más bajos. Ejemplos:
    - Deuda pública: letras del tesoro, bonos, obligaciones, deuda autonómica...
    - Deuda privada: pagarés de empresas, bonos, obligaciones, cédulas hipotecarias...
    - Acciones preferentes
    - ...
  - Renta Variable: los productos de renta variable son porciones de un capital (una empresa en el caso de las acciones), y no garantizan ni su rentabilidad ni la recuperación de la inversión. Al adquirir estos productos el comprador se hace co-propietario de dicho capital, con los riesgos que eso conlleva. Se puede invertir en fondos gestionados por empresas profesionales (bancos) que reparten todo el dinero captado en diferentes valores según su mejor criterio. Ejemplos:
    - Acciones
    - Derechos de suscripción
    - Participaciones en fondos de inversión
    - ...
- **Productos Derivados:**

- o **Negociados en mercados regulados**: son productos cuyo valor se basa en el precio de otro activo que puede ser casi cualquier cosa: acciones, índices bursátiles, materias primas, tipos de interés, etc. Por ejemplo, un futuro sobre el oro depende del precio del oro. Se negocian de forma bilateral con la entidad emisora de los productos y tienen carácter puramente especulativo y normalmente suponen un riesgo muy alto. Ejemplos:
  - Futuros y opciones
  - Warrants
  - CFD's
  - Productos estructurados.
  - ...
- o **Negociados en mercados no regulados:** como los anteriores pero se negocian en mercados donde no hay un organismo supervisor como el CNMV o el Banco de España, por lo que son menos seguros para el inversor. Se trata de productos con riesgo elevadísimo. Ejemplos:
  - Forwards
  - Swaps.
  - ...
- **Otros:**
  - o Cuentas a plazo fijo
  - o Cuentas en divisas
  - o Planes y fondos de pensiones
  - o ...

En general, los productos de renta fija son más seguros y se utilizan en carteras de riesgo bajo; los de renta variable suponen un riesgo mayor pues ni la rentabilidad ni la devolución del capital invertido están garantizadas; y los productos derivados tienen un riesgo elevado y son totalmente especulativos, no se recomiendan a no ser que se tenga un conocimiento muy profundo, especialmente si el apalancamiento (proporción de la inversión realizada a crédito, es decir, con dinero prestado) es alto.

Este libro se centra en las acciones de empresas cotizadas en Bolsa pero ya que los productos derivados están tan de moda vamos a explicar brevemente en qué consisten aquellos más usados (recuerda que son productos especulativos de alto riesgo y no se recomiendan a principiantes ni para operar a largo plazo):

- <u>Futuros</u>: son contratos bilaterales (normalmente entre tú y tu bróker) mediante el cual adquieres una obligación de comprar/vender un activo (acciones, materias primas, divisas...) llamado activo subyacente en una fecha futura conservando las condiciones de hoy. Imagina que la onza de oro cotiza hoy a 1000$ y piensas que va a ir bajando en los próximos meses; podrías comprar un futuro para vender dentro de 3 meses 10 onzas de oro a 1.000$, por lo que el comprador te cobrarán 15$ de comisión (llamada prima), por ejemplo; si llegado el día la onza vale 990$ venderás las 10 onzas a 1.000$ y ganarás 100$ (menos los 15$ de comisión). Lo bueno y lo malo de estos productos es el apalancamiento: para comprar este futuro no tienes que desembolsar los 10.000$ que valen las 10 onzas de oro sino que solamente depositas una garantía que puede ser del 10% pero asumes un riesgo por valor de 10.000$. Por tanto, multiplicas por 10 tus ganancias pero también tus pérdidas. Todavía se puede especular más vendiendo el futuro antes de que acabe el plazo (de hecho es lo más habitual pues nadie quiere ejecutar una compra de 100 barriles de petróleo que están en Oklahoma, por ejemplo, ¡a ver cómo te los llevas a casa!); imagina que pasa 1 mes y la onza de oro baja a 995$, hay quien pagará 1.005$ por perder venderla a ese precio pasados 2 meses más pues parece que seguirá bajando, en el mercado de futuros esto se puede hacer.

- <u>Opciones</u>: son lo mismo que los futuros pero no estás obligado a comprar/vender el activo subyacente sino que lo que compras es el derecho, es decir, llegada la fecha de finalización del contrato puedes decidir si ejecutas la operación de compra (opciones "call")/venta (opciones "put") o no. Si has comprado una opción de venta y el activo subyacente ha subido en vez de bajar puedes no ejecutar la operación y solo perderás la comisión. Por lo demás, funcionan igual que los futuros.

- <u>CFD's</u>: un CFD, o un contrato por diferencias, es de nuevo un contrato bilateral en el que un comprador y un vendedor acuerdan intercambiar la diferencia entre el precio actual del activo subyacente (acciones, materias primas, índices, divisas…) y el precio en el momento de la cancelación del contrato. Por ejemplo, supongamos que las acciones de Coca-Cola hoy valen 50$ y compramos un CFD por 10 acciones; si las acciones suben a 55$ podemos vender el CFD y nuestro bróker (la otra parte del contrato) nos pagará esa diferencia (50$), pero si las acciones bajan a 45$ seremos nosotros quienes paguemos los 50$ al bróker. Es importante entender que este es un producto con apalancamiento y el resultado se actualiza continuamente: para comprar las 10 acciones de Coca-Cola anteriores no tenemos que desembolsar los 500$ sino solamente depositar una garantía que puede ser del 5%, es decir, 25$ (el apalancamiento es de 20); así, con 25$ estamos especulando con 500$ y una diferencia del 1% en las acciones de Coca-Cola supone una diferencia del 20% en nuestro CFD (ganancia o pérdidas incrementadas por 20). Ten en cuenta que si tienes pérdidas un día estas pérdidas se actualizan en tu cuenta y puede darse el caso de no tener suficientes garantías para cubrir los CFD's que tengas abiertos y el bróker automáticamente te los venderá (¡en ese momento estás perdiendo!), mucho ojo con esto.

- <u>ETF's</u>: los ETF's son fondos cotizados, es decir, fondos de inversión cuyas participaciones cotizan en Bolsa. Los ETF's están formados por una cartera de renta fija y/o variable conocida, por tanto su éxito no depende del buen hacer del gestor del fondo, y tienen gastos de gestión mucho menores que los fondos tradicionales. Normalmente intentan replicar un índice bursátil (por ejemplo, el ETF del Ibex-35 se compone de acciones españolas de la misma manera que se calcula el índice, así las subidas y bajadas serán las mismas).

Como ya se ha dicho, a partir de ahora nos centraremos en las acciones. Antes de empezar es muy importante saber qué estamos comprando; cuando adquirimos acciones de Microsoft, por ejemplo, pasamos a ser propietarios de una parte de la empresa Microsoft (os daréis cuanta cuando os lleguen invitaciones para participar en las juntas de accionistas).

Dicho esto, ¿participaríais en una empresa simplemente porque el precio de sus acciones está alto y la empresa está de moda? ¿O exigiríais conocer cómo va el sector en el que desarrolla su actividad, cómo se está gestionando la empresa, en qué nuevos proyectos está invirtiendo su dinero, cuáles han sido los resultados de los últimos años, etc?

No compres acciones solamente porque el nombre de la empresa suene bien y esté de moda; tómate tu tiempo para hacer un análisis adecuado, ¡estás a punto de convertirte en empresario!

Índices bursátiles

Merece la pena hacer una mención especial a los índices bursátiles pues aparecen a menudo en los medios. Los índices bursátiles son promedios de un grupo de acciones que lo componen y se utilizan para poder analizar mercados globales representados por esas acciones, son referencias de mercados específicos. Por ejemplo, si quisiéramos analizar la Bolsa española no tendríamos por qué analizar todas las acciones que en ella cotizan sino que tendríamos una vista general analizando el Ibex-35.

El valor de los índices se mide en puntos y cada uno tiene su cálculo particular mediante fórmulas más o menos complejas. No merece la pena entrar en estos detalles, lo importante es ver cómo se encuentra el índice respecto a otras épocas pasadas y su tendencia. Los índices no se compran/venden directamente pero sí cotizan por lo que existen todo tipo de productos derivados basados en el valor de éstos (por ejemplo, hay futuros sobre el Ibex-35 en que cada punto del índice se valora en 10€).

Existen infinidad de índices para representar sectores, mercados o geografías concretas. Algunos de los más importantes son:

- **Ibex-35**: índice de referencia de las bolsas españolas, creado por Bolsas y Mercados Españoles (BME), formado por las 35 empresas con mayor liquidez. Se pondera por capitalización bursátil, es decir, no todas las acciones que lo forman tienen el mismo peso. Para más información: http://www.bolsamadrid.es/esp/aspx/Mercados/Precios.aspx?indice=ESI100000000&punto=indice

- **Dow Jones**: se trata del originalmente conocido Dow Jones Industrial Average (DJIA), el primer índice de la historia creado por Charles Dow y Edward Jones para representar al sector industrial americano. Actualmente lo elabora la empresa Dow Jones Indexes LLC y se compone de 30 empresas industriales americanas ponderadas con igual peso. Más información en: http://www.djindexes.com/

- **NASDAQ 100**: recoge las 100 empresas más importantes del sector tecnológico (software, hardware, telecomunicaciones, biotecnología y ventas al por menor/mayor) que cotizan en la Bolsa de Nueva York (NYSE). Más información en: http://www.nasdaq.com/

- **S&P 500**: generado por la empresa Standard & Poor's, es posiblemente el índice más representativo del mercado norteamericano, se compone de las 500 empresas americanas más grandes, ponderados por capitalización bursátil. Más información: http://www.standardandpoors.com/indices/sp-500/en/us/?indexId=spusa-500-usduf--p-us-l--

- **EUROSTOXX 50**: índice ponderado de referencia para la Eurozona formado por las 50 empresas más importantes de esta zona.

- **DAX 30**: índice de referencia de la bolsa de Frankfurt, y el más importante de Alemania, que pondera las 30 empresas más importantes.

- **FTSE 100**: índice de referencia de la bolsa de Londres, y el más importante del Reino Unido, calculado por ponderación bursátil de las 102 empresas más importantes de esta Bolsa.

Cómo ganar

Cuando uno compra acciones de una empresa puede ganar dinero de 2 maneras: mediante el abono de dividendos o mediante plusvalías (reventa de las acciones por un precio mayor).

Algunas empresas destinan parte de sus beneficios en repartir dividendos a sus accionistas; otras prefieren no hacerlo y reinvertir todo el beneficio para el crecimiento futuro del negocio. ¿En qué empresas es mejor invertir: en las que reparten dividendos o en las que no lo hacen?

Argumentos en contra del pago de dividendos

La teoría dice que el dinero crece más rápido dentro de una empresa cuando esta lo pone en producción y por lo tanto una empresa que reinvierte en el negocio todo su beneficio y no reparte dividendos se fortalece más rápidamente. Este fortalecimiento se debe reflejar en un mayor precio de sus acciones en el mercado. Además, aunque no todo el dinero se reinvierta siempre es bueno tener reservas para las "vacas flacas".

Cuando una empresa decide aumentar o disminuir el pago de dividendos esta información puede ser interpretada por el mercado de una manera imprevisible. Puede que un aumento de los dividendos se vea como una debilidad y la cotización de la empresa baje o quizás sea interpretado como que a la empresa le sobra liquidez y se puede incluso permitir dar dividendos. La cotización de una empresa se vuelve vulnerable a los cambios en la política de dividendos y se deben tomar las decisiones con mucho cuidado. Por tanto, quizás lo mejor sea no repartir dividendos y esperar que el mercado valore positivamente esta medida.

Argumentos a favor del pago de dividendos

Los gestores de las grandes empresas no siempre son tan buenos gestores como creemos o como su salario pretende justificar. ¿Y si simplemente guardan los beneficios en caja, los despilfarran o los emplean en pagar primas a los directivos? El dinero no tiene por qué estar mejor dentro de la empresa, eso es tan solo una hipótesis; sin embargo, el dinero contante y sonante en la cuenta del accionista es una realidad (aunque si no confiamos en la gestión de cierta empresa no deberíamos comprar sus acciones).

Para demostrar que la realidad es bien diferente de la teoría, existen muchísimas empresas bien gestionadas que históricamente han repartido buenos dividendos y cuyas cotizaciones han tenido buen recorrido: Coca-Cola, Procter & Gamble, McDonald's, IBM, Telefónica...

Además, no hay duda de que los mercados no siempre son justos. Aunque deberían descontar el pago de dividendos de una acción o reaccionar ante un cambio en la política de dividendos muchas veces esto no se produce. Por ejemplo, Starbucks comenzó a repartir dividendos por primera vez en abril de 2010 y no ha dejado de hacerlo desde entonces, ¿alguien observa algún cambio en la tendencia a partir de esa fecha?

Figura: Gráfico semanal de Starbucks

Al no saber qué hacer con 75.000 millones de dólares en efectivo (¿son esos los beneficios pasados reinvertidos en el negocio?) Apple anunció el 19 de marzo de

2012 un plan de reparto de dividendos, cosa que no hacía desde 1995 ¿Qué pasó ese día? ¿Se desmoronaron las acciones de Apple ante tal muestra de debilidad? En absoluto, las acciones subieron, al igual que lo hicieron al día siguiente, y su tendencia alcista se ve (de momento) inalterada.

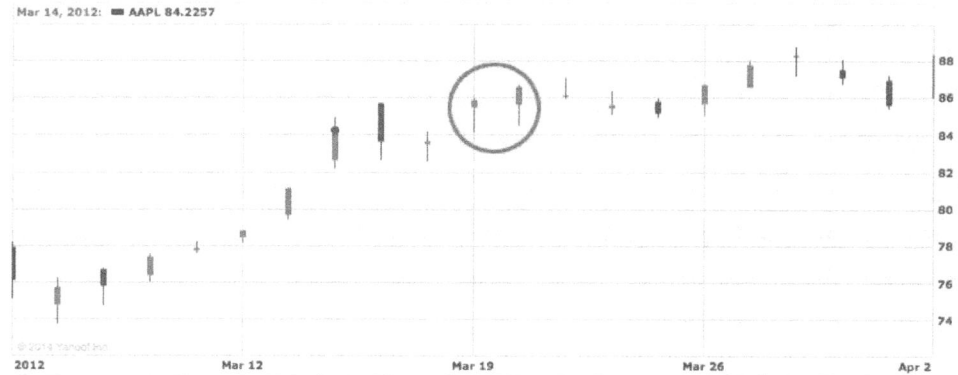

Figura: Gráfico diario de Apple

Además, gracias a los dividendos no tenemos que esperar a vender nuestras acciones para obtener la rentabilidad de nuestra inversión sino que cada año obtenemos beneficios.

Creo que la respuesta no es tajante y hay que diferenciar claramente según las expectativas de la inversión que estamos realizando: si buscamos una inversión defensiva sin demasiado riesgo que nos proteja de la inflación mejor ir a por una blue-chip (empresas grandes altamente estables como Coca-Cola, por ejemplo) que reparta cuantos más dividendos mejor; pero si buscamos mayor rentabilidad habrá que asumir más riesgo apostando por una empresa pequeña-mediana con cierta volatilidad que reparta dividendos bajos o, mejor aún, ninguno.

El Precio Justo

La Bolsa se parece mucho a aquel programa de televisión presentado por Joaquín Prat, "El precio justo", en el que unos concursantes competían por unos premios tratando de acertar su precio exacto.

Precisamente eso persigue un inversor: acertar el precio justo (o mejor dicho, de mercado) de cada acción y comprarlas cuando estén más baratas. Se trata de analizar cada empresa, estimar su valor y su comportamiento futuro y determinar su valor real; entonces compararlo con el precio que tiene en Bolsa y si este es más bajo comprar acciones.

En teoría la Bolsa es un mercado eficiente, es decir, los precios de las acciones cotizadas reflejan toda la información existente ajustándose de manera rápida y total mediante la oferta-demanda de los inversores. Lamentablemente, en el corto y medio plazo esto no sucede así: los precios van dando bandazos caóticamente de un lado para otro sin razón aparente. Sin embargo, en el largo plazo, de forma general, el mercado tiende a ser más o menos eficiente.

Por tanto, entrar en el juego del trading a corto plazo es como meterse en un río revuelto: uno no sabe cómo va a salir de ahí y el único método de triunfar es mediante un control minucioso del riesgo y las probabilidades, más cierta dosis de buena suerte. Sin embargo, si encontramos una ineficiencia tal que el precio de una acción es menor que el que debería, la compraremos esperando que a la larga el mercado nos dé la razón y ajuste el precio de la acción a la realidad.

Sencillo, ¿verdad? Pues, como decía Joaquín: ¡a jugar!

Un juego de suma negativa

La Bolsa es un juego de suma negativa, es decir, las probabilidades juegan en nuestra contra porque de entrada ya hemos perdido dinero. ¿Cómo? Pues pagando comisiones a nuestro bróker y sufriendo retrasos en la ejecución de nuestras órdenes de compra/venta.

Cada vez que compramos acciones o lo que sea tenemos que pagar una comisión a la Bolsa y otra al bróker, y lo mismo pasa cuando vendemos. Estas comisiones varían mucho según el bróker y el valor de las acciones a comprar/vender, y tienen una parte fija más otra variable. Aproximadamente, para que os hagáis una idea, la parte fija en la compra/venta de acciones varía entre 5 y 15 euros, y la variable está en torno al 0,05%-0,25%, dependiendo de la cantidad de dinero que estamos invirtiendo (a mayor inversión menores comisiones). El monto total de estas comisiones (hay que multiplicarlas por 2 pues se pagan al comprar y al vender) puede suponer un porcentaje importante de nuestra inversión.

Además, algunos brókers cobran comisiones adicionales por mantenimiento de cuenta, custodia de acciones y cobro de dividendos. Hay que evitar estas comisiones a toda costa eligiendo un bróker que no las cobre (ver capítulo *Cuando Elijas tu Bróker*).

Además, desde el momento en que ordenamos una venta/compra de acciones hasta que esta se ejecuta transcurre un tiempo en el cual el precio de las acciones puede haber cambiado. Para inversiones a largo plazo no es algo importante pero para operaciones a muy corto plazo (intradía) puede suponer una gran pérdida.

Por tanto, desde el momento en que decidimos entrar en Bolsa ya estamos asumiendo una pérdida y eso, a la larga, pone las probabilidades de ganar en contra nuestra.

Revisa atentamente las comisiones de tu bróker y asúmelas como pérdidas de inicio.

Capítulo 2. Definir tu Estrategia

No todo el mundo tiene los mismos intereses, ni la misma capacidad de inversión, ni la misma tolerancia al riesgo. Cada uno tiene que evaluar su situación personal y adoptar una estrategia de inversión acorde a sus necesidades y capacidades. En este capítulo veremos los principales factores a considerar para definir nuestra estrategia de inversión.

¿Inviertes o especulas?

Hay quien dice que invertir implica involucrarse con el activo mientras que el especulador se desentiende de cualquier responsabilidad y solo busca el lucro. Así, comprar acciones de una empresa y participar en las juntas de accionistas sería invertir; hacer trading con futuros sobre divisas sería claramente especular.

Otros ligan ambos términos con el plazo. Es decir, si mantenemos el activo comprado por mucho tiempo estaríamos invirtiendo pero si lo vendemos en un plazo corto de tiempo sería especulación. De esta manera comprar acciones de Google y venderlas a un precio mayor dentro de 4 años sería invertir mientras que si las vendiésemos en un par de semanas estaríamos especulando.

El especulador pretende ganar dinero rápido a costa de realizar muchas y muy arriesgadas operaciones en poco tiempo, sacando grandes tajadas de las que salen bien pero asumiendo también buenas pérdidas de las que salen mal.

En inversor, en cambio, realiza pocas operaciones bien estudiadas y más seguras, buscando unas rentabilidades más moderadas pero con menor probabilidad de fracaso.

Por tanto, lo primero que debes preguntarte es: ¿qué pretendo conseguir; ganar dinero rápido a costa de asumir riesgos elevados o tener unas ganancias constantes pero moderadas realizando inversiones más seguras?

Y la segunda: ¿es mi perfil más adecuado para la especulación o para la inversión? No todo el mundo es capaz de sobreponerse a las vertiginosas emociones de la especulación sin caer en una obsesión que te lleve a perder todo tu dinero: deberás asumir grandes pérdidas en cortos periodos de tiempo sin desesperarte ni intentar recuperarlas rápido realizando compraventas estúpidas; deberás mantener la calma cuando veas tu inversión caer en cuestión de minutos, y también cuando la veas subir. En definitiva, especular implica mucho estrés y asumir grandes riesgos; el inversor pisa sobre terreno más seguro a costa de esperar ganancias más moderadas.

Los productos derivados son más adecuados para el especulador pues tienen menores comisiones y mediante el apalancamiento (compras/ventas a crédito, es decir, con dinero prestado) aumentan las ganancias potenciales (pero ojo, también las pérdidas potenciales). En cambio, el inversor deberá buscar sus objetivos invirtiendo en renta fija y variable.

Capacidad Inversora

Cuando inviertes en Bolsa tienes que empezar a pensar en porcentajes y no en valor absoluto; independientemente de la cantidad de dinero que inviertas tu aspiración será ganar un 4% o un 8%. Sin embargo, una parte de las comisiones que tenemos que pagar al comprar/vender acciones es fija y supone mayor cantidad relativa (porcentaje) sobre una inversión pequeña, es decir, si partimos con menos dinero tendremos un obstáculo inicial mayor y por tanto nos costará más ganar.

Supongamos que las comisiones totales al comprar unas acciones son 8 euros más el 0,5% del valor de la compra. Si invertimos 100 euros pagaremos 8,5 de comisiones, es decir, un 8,5%; pero si invertimos 1000 euros las comisiones a pagar ascenderán a 13 euros, ¡tan solo un 1,3%! Considerando además las comisiones de venta (similares) nos enfrentaremos a unas comisiones totales del 17% y 2,6% respectivamente, que nos marcan la rentabilidad mínima que debemos esperar de nuestra inversión.

Pero ojo, mucha gente usa esto como excusa tras perderlo todo: "no entré con suficiente dinero". Una estrategia perdedora sigue siendo perdedora aunque inviertas millones de dólares; simplemente debes ser consciente del obstáculo al que te enfrentas.

La capacidad inversora se refiere a la cantidad que una persona puede invertir, esto es, dinero que posee y no necesita en el corto plazo y cuya pérdida no significaría una catástrofe para su economía particular.

Evalúa tu capacidad inversora para identificar el objetivo mínimo de ganancia necesario para conseguir rentabilidad en tus inversiones.

El tiempo a tu favor

Los precios en Bolsa sufren continuos vaivenes, algunas veces justificados pero muchas otras sin razón aparente. Hoy tus acciones pueden subir un 2% pero mañana desplomarse un 5%; sin embargo, a la larga, existe una tendencia general que va acorde a la situación real de la economía o empresa.

Es imprescindible ser conscientes de que en el corto plazo la incertidumbre (riesgo) es alta y muchas veces los precios no obedecen a la realidad, sino que son objeto de una especulación excesiva, una manipulación de los mercados por parte de las "manos fuertes" o una reacción desmedida de los inversores ante una noticia o información concreta. En el largo plazo las curvas se suavizan y el riego disminuye; todo tiende a tener sentido.

Una ilustración de lo anteriormente expuesto sería la siguiente: los movimientos de los precios a largo plazo son como las mareas en el océano, uno tiene más o menos certeza de hacia dónde va y hasta dónde va a llegar; sin embargo, si nos fijamos con detalle existen olas que van y vienen constantemente, algunas más grandes y otras casi insignificantes, y su comportamiento es más incierto.

El inversor tiene que decidir si va a seguir las olas o las mareas, y actuar correspondientemente según el caso. Si decides invertir a largo plazo ten en cuenta que puedes sufrir pérdidas puntuales y temporales en las que hay que mantener la cabeza fría y esperar, no caer en la tentación de vender, pues si hemos hecho una correcta evaluación y nuestra inversión era buena (en el largo plazo) habremos vendido antes de tiempo perdiendo dinero. Como dijo Warren Buffet: "a menos que puedas ver tus acciones caer un 50% sin que te cause un ataque de pánico, no deberías invertir en el mercado bursátil".

Establece el horizonte temporal de tus inversiones y sé fiel a tu estrategia conociendo sus riesgos, es la mejor manera de asegurar un buen porcentaje de éxito.

Gana mucho, pierde poco

¿Qué pasa si invertimos en una empresa y las acciones comienzan a bajar? Uno puede pensar que es algo puntual, normal en el corto plazo pero que al final todo se recuperará. ¿Pero y si siguen bajando, y bajando, y bajando…? ¿Hasta cuándo esperaremos?

Hay veces en que el mercado no actúa de forma lógica, ni siquiera en el largo plazo, y aunque hayamos invertido en una buena empresa con expectativas excelentes puede que sus acciones no respondan subiendo, sino cayendo en picado. Para evitar pérdidas excesivas es bueno establecer un límite; normalmente se establece un soporte como límite o también se puede, por ejemplo, vender siempre que nuestras acciones caigan más de un 20%, dependiendo de nuestra estrategia.

Estadísticamente no es estrictamente necesario ganar más veces de las que pierdes; basta con ganar mucho cuando ganas y perder poco cuando pierdes. Es la primera regla del trading: corta rápido las pérdidas y deja correr las ganancias.

Supongamos que eliges una empresa al azar, sin ningún tipo de información, y compras acciones. ¿Qué probabilidades hay de que suban por encima de un 5% y de que bajen por debajo de un 5%? En teoría la misma, claramente. Entonces, ¿y si vendemos en cuanto las acciones hayan bajado un 5% y nunca antes de que hayan subido más de un 5%? En tal caso las pérdidas serán limitadas y las ganancias ilimitadas. Con una estrategia de este tipo estaremos ganando dinero siempre que la diferencia entre ganancias y pérdidas supere las comisiones (recordemos que este no es un juego de suma cero).

Podemos limitar las pérdidas ajustando conveniente nuestros stop-loss (órdenes de venta que podemos gestionar a través de nuestro bróker y que se ejecutan cuando las acciones bajan de un valor que nosotros establecemos). Para asegurar las ganancias, podemos ir subiendo los stop-loss progresivamente a medida que aumentan los precios.

Ponle límites a tus pérdidas y deja que las ganancias sigan su curso; ajusta los stop-loss de acuerdo a tu estrategia y tendrás las probabilidades menos en tu contra.

Capítulo 3. Elegir Caballos Ganadores

Es evidente que si no seleccionamos bien nuestras acciones no tendremos opción de ganar en Bolsa. Elegir las mejores acciones es como elegir el caballo ganador en el hipódromo y conseguirlo requiere un gran esfuerzo de estudio previo para tomar decisiones acertadas. En este capítulo veremos las tres herramientas principales de que disponemos para analizar la Bolsa:

- el análisis fundamental, para elegir las acciones más baratas;
- el análisis técnico, para encontrar el mejor momento para invertir;
- y el análisis bursátil, que relaciona el valor en Bolsa de una empresa con sus resultados financieros.

¿Análisis Técnico o Fundamental?

Antes de comenzar a exponer los pormenores de los análisis técnico y fundamental conviene conocer el origen y las bases de la controversia existente entre los defensores de uno y otro.

A lo largo de la historia los analistas técnicos han enfrentado sus argumentos frente a los de los analistas fundamentales por ver quién poseía la herramienta de análisis correcta. En teoría, y ateniéndonos a la pura lógica, el análisis fundamental aporta mayor objetividad y sus cimientos se asientan sobre una base económico-financiera sólida. Sin embargo, en la práctica, los mercados no son perfectos y ambos mecanismos tienen cierta validez.

El análisis técnico se basa en que el comportamiento humano (de los inversores) es repetitivo, lo cual tiene cierto sentido. Más aún cuando las propias leyes del análisis técnico fuerzan a asumir que los patrones se repiten. Así, podría decirse que los inversores fieles al análisis técnico creen en la existencia de patrones cuya repetición están provocando ellos mismos mediante su comportamiento. En la práctica, la causa es lo de menos, lo importante es que estos patrones existen.

El análisis fundamental analiza escrupulosamente los números económicos y financieros disponibles, obteniendo una visión más real y objetiva de la situación. Comparando esta situación actual con el pasado y analizando el entorno económico permite estimar la evolución futura de la empresa. El problema aparece cuando el mercado no siempre se comporta de forma lógica, especialmente en el corto y medio plazo (a la larga tiende a ser más eficiente), debido a diversos factores: especulación, manipulación de los mercados, burbujas, ignorancia de los inversores, predominancia de analistas técnicos, etc. Además, el análisis fundamental requiere un nivel de formación y experiencia más exigentes que el análisis técnico, por eso muchos traders optan por este último.

Puesto que ambas técnicas pretenden estimar el futuro son definitivamente inciertas, no existe manera de saber qué ocurrirá mañana. ¿De qué fiarse entonces? A falta de una bola de cristal mágica, la solución idónea parece pasar por una combinación de ambos métodos para reducir la incertidumbre: el análisis fundamental nos dirá dónde invertir y el técnico nos indicará el momento idóneo para hacerlo. En el corto y medio plazo predominan la especulación y en el largo la inversión; por tanto, el análisis debería ser más técnico en el corto y medio, y más fundamental en el largo.

Además, para poner el riesgo bajo control y no sobreexponer nuestra inversión a las imprecisiones de estas herramientas de análisis es imprescindible incorporar a nuestra estrategia una buena política de gestión del riesgo (ver *Capítulo 4 Controlar el Riesgo*).

Análisis Fundamental

El análisis fundamental tiene como objetivo determinar de forma objetiva el valor real de una empresa en base a sus cuentas y balances, añadiendo además previsiones a futuro para predecir cómo se va a comportar la empresa. También se estudian los factores macroeconómicos que puedan afectar a los resultados de la empresa: tendencia en los precios de las materias primas que utiliza (por ejemplo, del petróleo para una empresa de transportes), valor de las divisas con que compra/vende, etc.

Requiere, por tanto, cierto conocimiento económico y por eso mucha gente lo ignora y solo utiliza el análisis técnico, cayendo en un grave error.

En este capítulo aprenderás las bases para afrontar un análisis fundamental.

Enfoque del Análisis Fundamental

Hay dos maneras de enfocar el análisis fundamental:

- **Top-Down**: se comienza estudiando el entorno macroeconómico siguiendo un orden desde lo más general hasta acabar en una empresa concreta.
- **Bottom-Up**: el proceso es inverso al anterior, comenzando en lo particular de la empresa y terminando en un análisis económico más global. Este enfoque es más limitado y solo debe considerarse cuando el entorno macroeconómico está muy controlado.

Siguiendo un enfoque Top-Down, el estudio fundamental se haría de la siguiente manera:

1- Análisis internacional: se evaluará el entorno político, los indicadores macro (tipos de interés, inflación, tipos de cambio, etc), la fase del ciclo económico internacional...

2- Análisis nacional: se evaluará el entorno político, los indicadores macro (PIB, tasa de paro, tipos de interés, inflación, cantidad e intereses de la deuda, etc), la fase del ciclo económico nacional...

3- Análisis sectorial: posteriormente se escogerá un sector concreto (por ejemplo el del transporte) y se estudiará el marco legal, el precio de las materias primas, los riesgos y perspectivas del sector...

4- Estudio detallado de la empresa: finalmente se analizará el balance y la cuenta de resultados de una empresa concreta, así como su cuota de mercado, imagen de marca, competitividad, etc.

Los siguientes capítulos tratan estos estudios en mayor detalle. En todos los casos, la experiencia del analista es fundamental para extraer conclusiones suficientemente fiables.

Análisis Internacional

Hay muchos parámetros que se pueden evaluar a la hora de estudiar un entorno económico internacional, algunos de los más importantes se explican a continuación. Es importante destacar que para estimar el impacto que estos factores pueden tener en el futuro no es tan importante (en la mayoría de los casos) su valor absoluto sino su evolución con respecto del pasado para detectar una tendencia y poder "predecir" el porvenir.

- **Entorno político**: un buen entorno político, plagado de buenas relaciones comerciales y pocos conflictos, es esencial para el desarrollo económico internacional.
- **Tipos de interés**: los tipos de interés marcan el precio del dinero. Si son excesivamente altos afectarán negativamente a la economía mermando el consumo y la inversión; sin embargo, unos tipos de interés muy bajos favorecerán el endeudamiento. Es interesante para la Bolsa que tengan un nivel medio tirando a bajo (entre un 0,5% y un 3% puede ser una referencia).
- **Inflación**: el encarecimiento de los bienes provoca descenso en el consumo y la inversión, incertidumbre económica y depreciación de la divisa de los países con mayor inflación. Sin embargo una inflación muy baja impacta en la productividad y si llega a ser negativa (deflación) puede ser fatal para la economía. Idealmente preferiremos niveles de inflación moderados tirando a bajos (entre un 1% y un 3% como referencia aproximada).

- **Tipos de cambio**: si la moneda de una zona económica principalmente exportadora baja provocará un aumento de las ventas pues al resto de países les sale más barato comprar al hacer el cambio de divisa. Sin embargo, a las zonas importadoras les beneficia tener una divisa fuerte para ganar poder adquisitivo en el extranjero. Dependiendo de la balanza comercial de cada país y su estrategia convendrá un tipo de cambio alto o bajo. Por ejemplo, China prefiere un yuan barato para atraer inversiones extranjeras y maximizar sus exportaciones.

Análisis Nacional

Al igual que en el análisis anterior, hay muchos factores a evaluar para realizar un análisis completo y, en la mayoría de los casos, lo más importante es observar la evolución en el tiempo de estos factores. Algunos de los parámetros más importantes son:

- **Producto Interior Bruto (PIB)**: un PIB en aumento demuestra el auge económico que un país está experimentando.

- **Tasa de paro**: la población activa de un país mantiene a la población parada, por lo que un nivel de empleo alto es fundamental para el buen desarrollo del país.

- **Endeudamiento**: cuando un país está excesivamente endeudado y/o paga intereses altos por financiarse, su producción se emplea en pagar dicha deuda y no en el desarrollo económico.

- Otros factores a evaluar, como en el análisis internacional, son el entorno político, la inflación, los tipos de interés, el tipo de cambio de la divisa nacional, etc.

Análisis Sectorial

Antes de invertir en una empresa de transportes, por ejemplo, es conveniente analizar la bondad económica actual y las expectativas futuras del sector.

También aquí son diversos y numerosos los factores a considerar, algunos de ellos son:

- **Marco legal**: unas leyes que faciliten la actividad y no mermen la rentabilidad con impuestos excesivos será vital para el sector.
- **Materias primas**: si un sector es muy dependiente de alguna materia prima (el ejemplo más claro es la dependencia que tiene el sector transportes del petróleo) habrá que evaluar la disponibilidad de ésta, su precio, etc.
- **Barreras de Entrada**: las barreras de entrada a un sector (inversión mínima, competencia, legislación, etc) favorecen a las empresas que ya están dentro.
- **Riesgos externos**: factores externos como la meteorología, la inversión pública, etc, pueden poner en riesgo la productividad de un sector.

Estudio Fundamental de la Empresa

Finalmente, cuando ya se ha determinado la conveniencia de entrar en un sector concreto dentro de una zona económica/geográfica concreta, queda analizar las empresas de dicho sector y zona para seleccionar qué acciones se encuentran a mejor precio y darán más rentabilidad en el futuro.

Valoración General

Lo primero que haremos será evaluar la información no financiera de la empresa, es decir, un análisis cualitativo de la situación de la empresa. Entre otros, conviene analizar los siguientes factores:

- **Competencia**: cuanta más competencia encuentre una empresa más competitiva tendrá que ser con sus precios y más cuidadosa con su estrategia.

- **Cuota de mercado**: cuanto más mercado abarque una empresa mejor posicionada estará respecto de la competencia.

- **Imagen de marca**: una buena imagen de marca garantiza las ventas (por ejemplo, a ver dónde no vende Coca-Cola).

- **Diversificación**: la diversificación es esencial para reducir riesgos y mantener una productividad constante. Exigiremos diversificación en productos disponibles, áreas de actividad, zonas geográficas/económicas donde se desarrolla la actividad empresarial, proveedores, etc.

- **Clientes**: preferiremos empresas con clientes fieles y solventes distribuidos internacionalmente en diferentes sectores económicos.

- **Proveedores**: una empresa debe disponer de varios proveedores sólidos, de manera que se asegure el aprovisionamiento a precios competitivos.

Valoración Económica

Valorar una empresa es un ejercicio imprescindible para comparar diferentes empresas y evaluar si el precio en Bolsa es adecuado o no, lo que nos ayudará a tomar la decisión de invertir. Aunque los números absolutos no sean determinantes es muy útil comparar empresas similares y seleccionar la más "barata". Posiblemente sea el ejercicio que exija mayor conocimiento económico-financiero y por eso mucha gente lo evita pero resulta imprescindible pasar por él para definir una inversión como "inteligente". Piérdele el miedo pues con unos pocos conceptos y una metodología simple puedes conocer el valor real de una empresa y serás capaz de invertir tu dinero donde realmente hay valor.

Valorar una empresa es una tarea parcialmente subjetiva por lo que se pone en duda la veracidad de los métodos de valoración existentes. Es cierto que no son métodos definitivos pero nos permiten realizar una buena aproximación y, sobre todo, comparar el valor de varias empresas basándonos mediante una metodología común, lo que resta subjetividad al asunto.

A continuación se describen los diferentes instrumentos o métodos de valoración de empresas más utilizados.

Balance

El balance es un documento que publican las empresas cotizadas anualmente y que muestra su estado financiero en un momento concreto en el tiempo (al final del año fiscal); podría considerarse como una fotografía de la riqueza empresarial.

Se divide en activos (derechos) y pasivos (obligaciones). Para comprenderlo mejor hay que pensar que los activos son los destinos del dinero, es decir, lo que la empresa tiene y lo que le deben (existencias, propiedades inmobiliarias, tesorería, etc); y el pasivo es la fuente del dinero o, visto de otra manera, lo que la empresa debe (capital social, préstamos bancarios, deudas con clientes, etc).

De forma resumida, y sin necesidad de entrar en mayor detalle, un balance se compone de la siguiente manera:

ACTIVO	PASIVO
Activo Fijo o Inmovilizado Neto	No Exigible o Recursos Propios
Activo Circulante: - Existencias - Realizable (deudores) - Disponible (caja, cuentas bancos)	Exigible a largo plazo
	Exigible a corto plazo o Pasivo Circulante: - Proveedores - Impuestos - Créditos

Tabla: Composición resumida del balance

Una empresa puede desglosar más o menos estos bloques y generalmente lo hará separándolos en componentes activos/pasivos con nombre confusos para el accionista, pero esta información existe y está disponible, no te dejes confundir.

El activo fijo corresponde a bienes/inmuebles con poca liquidez que la empresa posee y utiliza en el desarrollo de su actividad (terrenos, maquinaria, edificios...); el activo circulante corresponde a activos con mayor liquidez, es decir, que se pueden convertir rápida y fácilmente en dinero (stock, cuentas bancarias, deudas de clientes...).

Se denomina pasivo no exigible a los fondos aportados por los propietarios de la empresa (capital social, accionistas, reservas...); mientras que el exigible corresponde a las deudas contraídas con bancos, proveedores u otros, y pueden vencer a corto plazo o a largo plazo.

El Fondo de Maniobra se calcula como la diferencia entre el activo circulante y el pasivo circulante, y expresa la solvencia de la empresa o la capacidad para cumplir con las obligaciones (deudas) a corto plazo. Es decir, la liquidez más líquida, valga la redundancia.

El valor en libros o valor contable, un dato que se usará en el análisis bursátil, se refiere a los recursos propios de la empresa (es decir, el patrimonio), o lo que es lo mismo, a la diferencia entre activos totales y pasivo exigible.

Las necesidades operativas de fondos (NOF) son los fondos necesarios para financiar las operaciones normales de una empresa, es decir, para mantener el negocio en funcionamiento: financiación a clientes, producción/compra de existencias y caja mínima. Evidentemente interesa que las NOF sean lo más bajas para no tener que disponer de mucha liquidez. Las deudas a proveedores y los pagos atrasados pendientes ayudan a financiar las operaciones por lo que las NOF se calculan como:

NOF = Clientes + Existencias + Caja mínima − Proveedores − Pagos atrasados

NOTA: normalmente la caja mínima se considera cero.

Algunas referencias deseables:

- El Activo Circulante debe ser mayor que el Pasivo Circulante, incluso acercándose al doble
- El Activo Circulante menos las Existencias debe ser más o menos igual al Pasivo Circulante
- Los Fondos Propios deben ser cerca del 50% del Pasivo Total
- El Pasivo Exigible a corto plazo (deudas a corto plazo, normalmente con interés alto) debe ser bajo

Una manera de evaluar una empresa es calculando su valor de liquidación, es decir, el valor de la empresa si se liquidara en este momento: vendiendo los activos y cancelando las deudas. En la práctica sirve para ver el valor mínimo de la empresa pues su continuidad tiene valor y se obtiene descontando de los recursos propios todos los gastos de liquidación: indemnizaciones a empleados, gastos fiscales y cualquier otro gasto relacionado con la liquidación.

Otra manera de evaluar la empresa es calculando su valor sustancial, es decir, el valor de la inversión que habría que realizar para crear una empresa similar. Se puede calcular de 3 formas:

- Valor sustancial bruto: valor de todos los activos.
- Valor sustancial neto: activos totales menos pasivo exigible.
- Valor sustancial bruto reducido: como el bruto pero descontando el valor de la deuda sin coste (proveedores)

Cuenta de Resultados

La cuenta de resultados, o de pérdidas y ganancias, es un documento que las empresas cotizadas publican anualmente y que recoge los ingresos y gastos que ha tenido la empresa durante el año fiscal.

La cuenta de resultados se puede resumir así:

+	Ventas
-	Coste de Ventas
=	**Margen Bruto**
-	Gastos de Explotación
=	**Cash-Flow Operativo (EBITDA)**
-	Amortizaciones
-	Provisiones
=	**Beneficio de Explotación (EBIT)**
+/-	Ingresos y Gastos Financieros
=	**Beneficio Antes de Impuestos (EBT)**
-	Impuestos
=	**Beneficio Neto (BAIT)**

Tabla: Composición resumida de una cuenta de resultados

Se deduce fácilmente que la cuenta de resultados parte de unos ingresos por ventas a los que se le van descontando gastos y añadiendo ingresos adicionales. El volumen de ventas es por tanto el factor principal a revisar, especialmente su evolución en el tiempo.

En segundo lugar hay que prestar atención al margen bruto (siempre positivo, evidentemente) y especialmente su porcentaje sobre las ventas pues indicará la rentabilidad del negocio.

El beneficio de explotación descuenta los gastos fijos de la empresa (personal, arrendamientos, facturas...) y muestra si la estructura empresarial es eficiente. Esta cifra es muy importante pues en ella solo intervienen las operaciones normales de la empresa y no elementos externos como costes de financiación e impuestos.

Finalmente, el beneficio neto muestra las ganancias netas adquiridas por la empresa.

Ratios Financieros

Existen diferentes ratios que permiten analizar el balance y la cuenta de resultados de manera cuantitativa. Aunque no existen valores deseables para estos ratios sino que dependen de cada empresa, su utilidad reside en comparar los ratios de diferentes empresas de un mismo sector y en observar la evolución de estos ratios con el tiempo para realizar una estimación de lo que pasará en el futuro.

Los ratios que analizan los estados financieros a partir del balance y la cuenta de resultados se pueden dividir en cuatro grupos: ratios de liquidez, de actividad, de solvencia y de rentabilidad. Algunos de los más importantes se detallan a continuación.

1. **Ratios de Liquidez**:

    - *Razón Circulante*: indica la capacidad de la empresa para hacer frente a los pagos a corto plazo. Debe ser mayor que 1 y tendiendo a 2, pero no muy alto pues puede significar un desaprovechamiento de los activos.

    $$Razón\ Circulante = \frac{Activo\ Circulante\ (AC)}{Pasivo\ Circulante\ (PC)}$$

    - *Prueba Ácida*: mide la liquidez más inmediata eliminando las existencias.

    $$Ratio\ de\ Liquidez = \frac{AC - Existencias}{PC}$$

2. **Ratios de Actividad**:

    - *Rotación de Inventario*: muestra el número de veces al año que las existencias son convertidas en líquido e indica cómo de bien los productos del inventario son vendidos en el mercado.

    $$Rotación\ de\ Inventario = \frac{Coste\ de\ Ventas}{Inventario}$$

    - *Rotación de activos*: indica la eficacia con que la empresa rentabiliza sus inversiones.

$$Rotación\ de\ Activos = \frac{Ventas}{Activo\ Total}$$

- *Período medio de cobro*: muestra (en días) cuanto se tardan en cobrar las ventas.

$$Período\ medio\ de\ cobro = \frac{Realizable}{Ventas} x365$$

- *Período medio de pago*: muestra (en días) cuanto se tardan en pagar a los proveedores.

$$Período\ medio\ de\ pago = \frac{Proveedores}{Compras\ Netas} x365$$

3. Ratios de Solvencia:

- *Razón de endeudamiento*: indica en qué medida la empresa se está financiando externamente, es decir, el grado de dependencia financiera; un endeudamiento alto indica que se busca mucha financiación afuera y por tanto la empresa tiene que pagar por ella. Es importante que las empresas en las que invertimos no estén demasiado endeudadas (en torno a 0,5 es un buen valor).

$$Endeudamiento = \frac{Pasivo\ Exigible}{Recursos\ Propios}$$

- *Razón de apalancamiento*: indica cómo ha distribuido la empresa la financiación externa entre sus activos.

$$Razón\ de\ Apalancamiento = \frac{Pasivo\ Exigible}{Activo\ Total}$$

- *Razón de Autonomía*: mide la independencia financiera de la empresa, es decir, la capacidad de autofinanciarse con recursos propios.

$$Razón\ de\ Autonomía = \frac{Recursos\ Propios}{Activo\ Total}$$

- *Calidad de la deuda*: indica la proporción de deuda adquirida a corto plazo.

$$Calidad\ de\ la\ deuda = \frac{Pasivo\ Circulante}{Pasivo\ Total}$$

4. **Ratios de Rentabilidad**:
   - *Margen de Explotación*: muestra la proporción de los ingresos por ventas que suponen un beneficio neto para la empresa como resultado de las operaciones normales, es decir, sin contar los factores externos (intereses de la financiación e impuestos).

   $$Margen\ de\ Explotación = \frac{EBIT}{Ventas}$$

   - *Margen Neto*: muestra la proporción de los ingresos por ventas que finalmente suponen un beneficio neto para la empresa.

   $$Margen\ Neto = \frac{Beneficio\ Neto}{Ventas}$$

   - *Rentabilidad económica (ROA)*: indicador del rendimiento de las inversiones realizadas, es decir, de los activos.

   $$ROA = \frac{Beneficio\ Neto}{Activo\ Total}$$

   - *Rentabilidad financiera (ROE)*: muestra la relación entre el beneficio obtenido por la empresa y los recursos aportados por los accionistas.

   $$ROE = \frac{Beneficio\ Neto}{Recursos\ Propios}$$

Descuento de Flujos de Caja (cash-flows)

Es el método más utilizado en las finanzas modernas y considera la empresa como una caja negra que genera flujos de dinero (cash-flows) entrantes y salientes, es decir, que ingresa dinero y que paga dinero.

La valoración se basa en estimar los flujos de caja que la empresa generará en el futuro (cobro de ventas, compra de materias primas, pago de salarios, etc.) y descontarlos a una tasa adecuada según el riesgo y la volatilidad de cada tipo de cash-flow, para obtener un valor neto en el momento actual. Es decir, el resultado es la inversión necesaria que habría que hacer ahora mismo para obtener los flujos de caja estimados en el futuro. Por tanto, el quid de la cuestión está en hacer una buena estimación de los flujos de caja futuros y aplicarles la tasa de descuento apropiada.

Veamos un ejemplo sencillo antes de entrar en fórmulas. Supongamos que en 10 años la casa de nuestro vecino estimamos que podrá venderse en 200.000€ y nos la ofrece ahora mismo por 100.000€, ¿es una buena inversión o estamos perdiendo dinero?

Para evaluarlo podemos calcular retorno anual de dicha inversión (reinvirtiendo o capitalizando dicho retorno):

$$X^{10}100.000 = 200.000 \rightarrow X = 10^{\frac{1}{10}\log\frac{200.000}{100.000}} = 1,072$$

Obtenemos un 7,2% anual de beneficio, que aparentemente no está nada mal. Sin embargo, si los bonos del estado a 10 años, que supuestamente están libres de riesgo, rentan un 5% anual, ¿merece la pena obtener ese 2,2% anual extra y asumir el riesgo de que el mercado inmobiliario no evolucione como esperamos y finalmente no poder vender la casa a ese precio? Efectivamente hay que exigir mayor rentabilidad cuanto mayor riesgo tiene una inversión, en este caso podríamos exigir un 6% adicional por el riesgo que estamos asumiendo y la inversión no saldría rentable a no ser que pagáramos menos por la casa. ¿Cuánto exactamente? Para ello tenemos que calcular el valor actual neto de los flujos de caja futuros, es decir, descontar los 200.000€ que vamos a obtener dentro de 10 años con una tasa de descuento del 11% (5% de la inversión libre de riesgo más 6% debido al riesgo asumido):

$$VAN = \frac{200.000}{(1+0,11)^{10}} = 70.436,9€$$

Concluyendo, si pudiéramos comprar la casa por 70.436,9€ o menos la inversión sería buena.

De forma más general, para flujos de caja que se suceden periódicamente (normalmente cada año), la fórmula para calcular el valor actual neto de una empresa mediante este método es:

$$VAN = \frac{CF_1}{(1+k)^1} + \frac{CF_2}{(1+k)^2} + \frac{CF_3}{(1+k)^3} + \ldots + \frac{CF_n + VR_n}{(1+k)^n}$$

, donde CF_i es el cash-flow generado por la empresa en un periodo concreto i (normalmente año); k es la tasa de descuento o rentabilidad exigida por el inversor (los informes anuales nos pueden revelar este dato o al menos dar pistas); y VR_n el valor residual de la empresa a partir del periodo n (en algún momento hay que parar de contar).

Si considerásemos un flujo CF y una tasa de crecimiento g constantes la fórmula se simplificaría:

$$VAN = \frac{CF}{k-g}$$

El valor residual VR_n se puede calcular descontando los cash-flow futuros a partir del periodo n o de forma simplificada para considerar una duración infinita asumiendo una tasa de crecimiento constante de los flujos g:

$$VR_n = \frac{CF_n(1+g)}{(k-g)}$$

La tasa de crecimiento constante g para una empresa cotizada que reparte dividendos puede calcularse como:

$$g\,(\%) = (1 - PayOut) * ROE$$

Ahora bien, se pueden considerar varios tipos distintos de cash-flows para calcular el valor de la empresa, pero el más utilizado es el cash-flow libre (FCF), que obtiene el saldo disponible para retribuir a los accionistas de la empresa y pagar la deuda (principal + intereses), es decir, el dinero generado por los activos de la empresa a partir de las operaciones normales, después de impuestos y sin contar la deuda. Se calcula a partir del EBIT sumando las amortizaciones (pues solo son un apunte contable, no un pago) y restando los impuestos y el dinero reinvertido en activos fijos y las nuevas necesidades operativas de fondos (ΔNOF).

$$FCF = EBIT + Amortizacion - Impuestos - Reinversion\ Activos\ Fijos - \Delta NOF$$

La tasa de descuento más adecuada (k) para este tipo de cash-flow es el coste ponderado del capital (WACC), que se calcula ponderando el coste de la deuda k_d y el coste del capital (accionistas) k_e de la siguiente manera:

$$WACC = \frac{k_d D(1-t) + k_e E}{D + E}$$

, donde k_d es el coste de la deuda (intereses); k_e es el coste del capital (intereses para accionistas); t es la tasa impositiva (impuesto de sociedades); D es el valor de la deuda existente en la empresa; y E es el valor de los fondos propios de la empresa.

Dado que la tasa de descuento k (rentabilidad exigida por el inversor) es muy subjetiva, existe otra fórmula financieramente aceptada para su cálculo (en la cual no entraremos): el Capital Asset Pricing Model (CAPM).

Análisis Técnico

El análisis técnico es una herramienta que permite predecir el futuro del mercado a partir de datos de precio y volumen pasados. Su fundamento se basa en la teoría de Dow, que puede resumirse en 3 premisas principales:

- **El mercado lo descuenta todo**: el precio refleja toda la información disponible.
- **El precio se mueve por tendencias**: el precio siempre se mueve hacia arriba (tendencia alcista), hacia abajo (tendencia bajista) o permanece dentro de unos límites (tendencia lateral).
- **La historia se repite**: el comportamiento de los inversores se repite y eso se plasma en el precio.

De acuerdo a estas premisas tan sólo necesitamos identificar tendencias y patrones repetitivos en la evolución de los precios para predecir el futuro. Las herramientas empleadas en el análisis técnico son las gráficas de precios (charts), el volumen y los indicadores técnicos.

La Importancia del Volumen

El volumen indica el número de operaciones que se ejecutan en un día. Aunque parezca un dato de poca relevancia refleja si hay mucho o poco movimiento en el mercado y por tanto es un medidor del interés existente entre los inversores (oferta-demanda).

De acuerdo a uno de los principios básicos de la teoría de Dow, el volumen es un buen indicador de la psicología del mercado (nos indica qué piensan los inversores) y, por tanto, se mueve con la tendencia y confirma su validez. Combinando esta información con la gráfica de precios tenemos una herramienta de predicción más potente.

A continuación veremos que las figuras de cambio y continuación de tendencia deben confirmarse con el volumen pues este nos indica si el mercado está efectivamente interesado en la tendencia o se trata de una mera manipulación por parte de las "manos fuertes". Por ejemplo, si en una tendencia bajista el volumen va bajando es que esa tendencia ya no interesa, el mercado no confía en que dure mucho tiempo más; si el precio gira y empieza a subir con un aumento significativo del volumen entonces queda claro que los inversores estaban esperando ese cambio de tendencia y lo apoyan, por tanto es un cambio fuerte que hay que seguir.

Por lo tanto hay que prestar especial interés a los datos de volumen y considerarlo para asegurar la validez de otras señales con mayor probabilidad de éxito.

Para determinar si un volumen es alto o bajo no sirve solamente analizar su valor absoluto ni comparar el volumen de una acción con otra diferente, sino que además debemos comparar el volumen actual y la tendencia que lleva con un valor medio habitual en esa acción en concreto. Por ejemplo, el volumen diario de las acciones de Coca-cola está entre 10 y 20 millones, sin embargo el de Técnicas Reunidas oscila entre 0,5 y 1 millones, hay órdenes de magnitud de diferencia. Si de repente el volumen de Coca-Cola subiera a 40 millones sería buen momento de analizar la situación y tomar posiciones en caso de detectar alguna señal convincente.

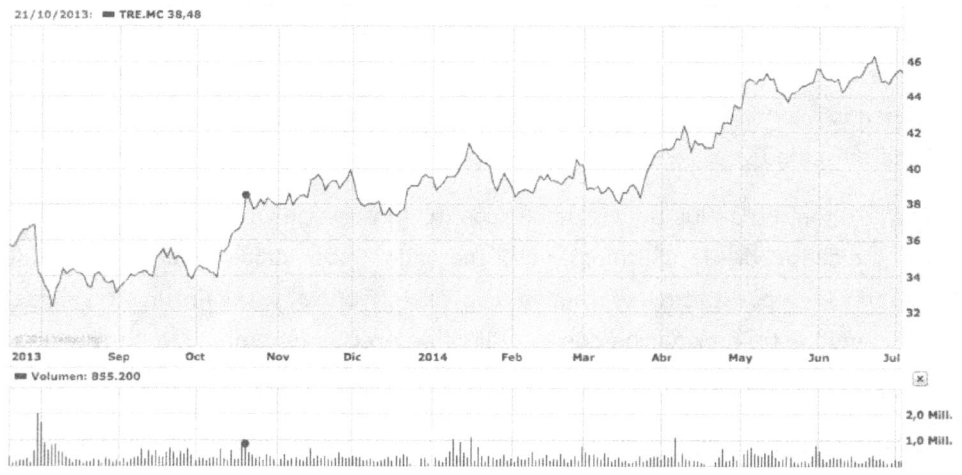

Figura: Gráfico mensual y volumen de Técnicas Reunidas

Figura: Gráfico mensual y volumen de Coca-Cola

Análisis Chartista

El análisis chartista se refiere al análisis de los valores bursátiles a través de las gráficas de precios únicamente, aunque normalmente se acompaña de un análisis del volumen. Los gráficos de precios representan la evolución del precio de un activo (acción, bono, divisa, oro…) con el tiempo. A partir del gráfico podremos identificar comportamientos repetitivos y tendencias, y así predecir qué va a suceder a continuación. Hay quienes únicamente usan esta información para analizar el mercado.

Elegir el gráfico

Un gráfico no es más que una representación visual de la evolución temporal que ha sufrido un precio (de una acción, bono, divisa, commodity, etc). En la escala vertical siempre veremos el precio y en la horizontal el tiempo. Hay diferentes formas de representación pero en general todos los gráficos contienen la misma información, que como mucho es, para cada intervalo temporal: precio de apertura (inicial), precio de cierre (final), precio máximo y precio mínimo durante la sesión.

Los gráficos más importantes son el gráfico de líneas, el de barras y el de velas japonesas:

- **Gráfico de Líneas**: representa solamente el precio de cierre (final) de cada intervalo temporal y los une mediante una línea. Este gráfico es pobre en información pues solamente contiene uno de los datos posibles.

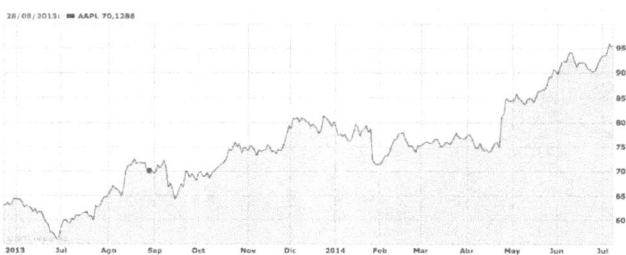

Figura: Gráfico diario de líneas del precio de la acción de Apple

- **Gráfico de Barras**: también llamado OHLC (del inglés "Open-High-Low-Close"). Para cada intervalo temporal se representa una barra cuyo extremo inferior es el precio mínimo, su extremo superior es el precio máximo, el saliente de la izquierda es el precio de apertura y el de la derecha es el precio de cierre. Cada barra se suele colorear en azul/verde si el cierre es mayor que la apertura (ha habido un incremento de precio) o en rojo si ocurre lo contrario (bajada de precio). Cada barra puede englobar la información de un período de tiempo concreto a elección propia (una hora, un mes, un año…). Este gráfico contiene toda la información disponible y coloreado resulta muy visual.

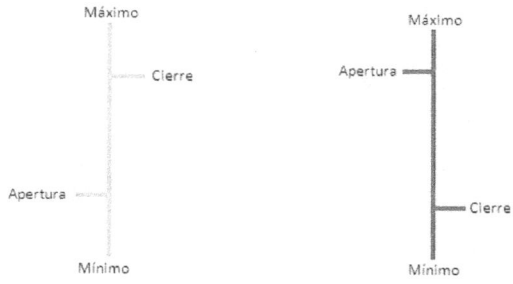

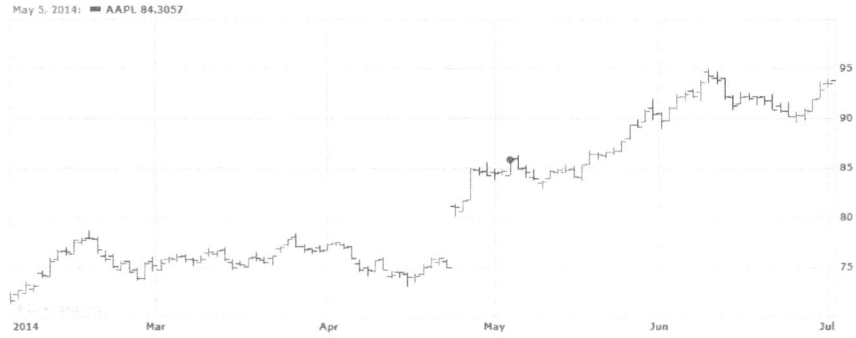

Figura: Gráfico diario de barras del precio de la acción de Apple

- **Gráfico de Velas Japonesas**: la filosofía es similar al gráfico de barras pero los precios de apertura y cierre se representan como un rectángulo (llamado cuerpo) en vez de mediante muescas en la barra. El cuerpo será blanco si el precio de cierre supera al de apertura (incremento de precio) y negro si sucede al contrario (bajada de precio). También lo veréis por su nombre en inglés "candlestick".

Hay toda una ciencia en la interpretación de las velas japonesas y existen libros y cursos que tratan exclusivamente este tema.

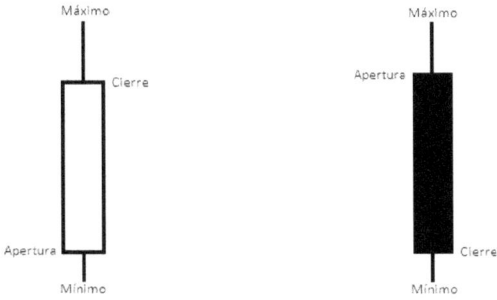

Figura: Gráfico diario de velas japonesas del precio de la acción de Apple

Además, las escalas de precios (eje vertical) pueden ser lineales o logarítmicas. En las primeras el eje vertical esta subdividido en partes iguales y cada una representa una cantidad fija, por ejemplo 1$. En el segundo caso el eje vertical estaría subdividido en partes de distinto valor absoluto pero que representan subidas o bajadas equivalentes en valor porcentual, es decir, una subida de 20$ a 30$ (50%) se representaría con el mismo tamaño que una de 100$ a 150$ (también 50%) a pesar de que una supone 10$ de diferencia y la otra 50$. Sirven pues para fijarnos en movimientos relativos en valor porcentual en vez de en el valor absoluto.

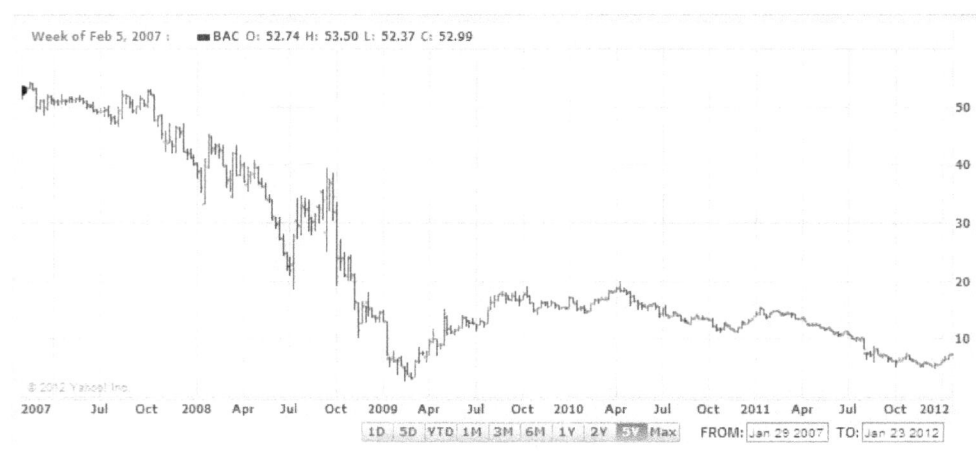

Figura: Gráfico en escala lineal

Figura: Gráfico en escala logarítmica

La elección de un gráfico u otro depende del gusto y el nivel de experimentación de cada uno pero hay que prestar especial atención a la selección del rango y la escala (o frecuencia) temporal.

Dependiendo del tipo de trader que seas te convendrá seleccionar una escala amplia o estrecha. Por ejemplo, si eres un inversor a largo plazo que invierte hoy y recoge beneficios dentro de varios años lo más lógico es elegir una escala semanal o incluso mensual (en un gráfico de barras cada barra correspondería a una semana o mes) para observar las tendencias a largo plazo o primarias pues movimientos en el precio más rápidos solamente aportarían confusión. Sin embargo, si eres un trader intradía que espera obtener beneficios en una hora lo conveniente es elegir una escala de minutos, por ejemplo 2, 5 o 10 minutos, para observar los movimientos rápidos (tendencias terciarias). Además, en el primer caso deberás visualizar la evolución del precio durante varios años mientras que en el segundo caso tan solo te interesará lo que pasó durante las últimas horas.

Hay, pues, que conocerse a sí mismo y la estrategia a utilizar y entonces sabrás qué tipo de grafico utilizar y cómo configurarlo. Recuerda que en caso de duda o contradicción entre gráficos el largo plazo siempre manda.

El misterio de los soportes y resistencias

Misteriosamente los precios siempre se paran en ciertos niveles concretos que normalmente coinciden con números redondos. Cuando un precio está bajando y se encuentra con uno de estos niveles se para, pasa un tiempo alrededor de ese número, tanteándolo, y finalmente decide rebasarlo o por el contrario moverse en sentido contrario, hacia arriba en este caso. Si el precio está subiendo ocurre exactamente lo mismo, en sentido opuesto, claro.

A estos niveles se les llama soportes y resistencias, según sirvan de suelo cuando un precio está cayendo (soporte) o de techo infranqueable si el precio está subiendo (resistencia). Cuando un precio alcanza un soporte/resistencia pueden pasar 2 cosas: que el precio se gire y tome la dirección opuesta, que es lo más probable, o que el soporte/resistencia sea rebasado y el precio siga su trayectoria.

La existencia de estos niveles tiene su explicación en la psicología y la memoria de los traders. Veámoslo con un ejemplo real, el gráfico de BNP Paribas.

En marzo de 2009 se rompe una clara tendencia bajista y se inicia, desde 20 euros, una alcista. Tras ese momento habrá gente que haya comprado acciones y al ver que fue una decisión acertada se arrepienta de no haber comprado más. En cambio los que permanecieron bajistas ahora están atrapados en una posición muy incómoda. Esperan a que la tendencia se de la vuelta y se ponga en su favor pero esto no ocurre y cuando el precio alcanza los 60 euros se hartan, asumen la derrota y comienzan a vender para no perder aún más. Sigue existiendo una demanda compradora pero la vendedora es más fuerte y no permite que el precio suba más allá de 60 euros, es curioso ver cómo el precio se para hasta 4 veces en esta cifra entre agosto de 2009 y marzo de 2010. La resistencia está creada, la próxima vez que el precio se acerque a 60 euros los traders asumirán que no va a superar esa barrera y venderán, convirtiendo sus presagios en realidad con su propio comportamiento.

Los que no compraron en su momento a 20 euros están arrepentidos y conciben ese precio como para comprar. Cuando el precio se acerca a 20 euros en septiembre de 2010 estos traders se lanzan a comprar aumentando de repente la demanda, lo que hace que el precio suba. De esta manera han creado un soporte en torno a 20 euros. La próxima vez que el precio caiga hasta esa zona los bajistas cerrarán sus posiciones y los alcistas comprarán, confirmando así una vez más la validez del soporte.

Importante destacar que los soportes y resistencias intercambian su papel cuando son cruzados, es decir, cuando una resistencia es cruzada al alza en el futuro podrá actuar como soporte, y un soporte rebasado a la baja podrá ejercer de resistencia más adelante.

Figura: Soporte y resistencia

El análisis más interesante sobre este fenómeno de psicología de masas que he leído es el que presenta Alexander Elder en su libro Vivir del Trading, que recomiendo leer encarecidamente, es una referencia en el análisis técnico que no se puede ignorar.

La existencia de soportes y resistencias resulta absurda para un analista fundamental porque no tiene relación alguna con valor de una empresa sino que es simplemente el resultado de un comportamiento especulativo casi psicótico. En cualquier caso no hay que ignorar estos fenómenos porque la realidad es que existen, nosotros hacemos que existan, y tenemos la posibilidad de aprovecharlos.

Los soportes y resistencias están ampliamente estudiados y es posible crear estrategias de trading basándonos únicamente en ellos, o empleándolos como apoyo a otra estrategia. La estrategia más lógica consiste en comprar cuando el precio cruza una resistencia y vender cuando cruza un soporte, colocando los stop-loss convenientemente, dejando siempre un margen, por ejemplo, cuando se haya rebasado el 5% del soporte/resistencia.

Las Tendencias del Mercado

La gran obsesión de los traders es identificar la tendencia del mercado pues probablemente sea la manera más fácil y segura de ganar dinero. Si tienes la certeza de que la tendencia es que los precios suban la estrategia es tan sencilla como evidente: comprar hoy y vender cuando los precios hayan subido.

Cualquier mercado siempre estará en una de las siguientes 3 tendencias posibles:

- **Tendencia alcista**: los precios están en continua subida y van alcanzando nuevos máximos progresivamente.

- **Tendencia bajista**: los precios están en continua bajada y van alcanzando nuevos mínimos.

- **Tendencia lateral**: los precios se mueven aleatoriamente hacia arriba y hacia abajo dentro de un rango delimitado por un soporte y una resistencia.

Las líneas de tendencia (o directrices) alcista y bajista se marcan uniendo mínimos y máximos respectivamente, y actúan igual que los soportes y resistencias.

En el siguiente gráfico de precios de las acciones de Yahoo! durante 10 años se identifican claramente estas tendencias (tendencia alcista (A), tendencia bajista (B) y tendencia lateral (C)).

Figura: Tendencias

Las tendencias marcan el estado de ánimo de los inversores. Si el optimismo predomina entonces la tendencia será claramente alcista mientras que si los inversores miran al futuro con pesimismo nos encontraremos ante una tendencia bajista. En caso de no haber consenso la puja entre optimistas y pesimistas se reflejará mediante una tendencia lateral en la que unos y otros se intercambian el poder haciendo que los precios fluctúen entre un valor máximo y un mínimo.

Aunque existen diferentes estrategias para operar en función de la tendencia la regla de oro del trading es operar siempre a favor de la tendencia. Es la manera menos arriesgada y que requiere mínimo esfuerzo de ganar dinero.

Sea cual sea la estrategia el primer paso es siempre identificar en qué tipo de tendencia se encuentra el mercado.

Estrategias con Medias Móviles

La volatilidad de (léase *la especulación en*) los mercados hace que los precios estén constantemente subiendo y bajando de manera confusa e impredecible. Muchas veces es incluso difícil ver si los precios están subiendo o bajando debido a todo este "ruido".

Las medias móviles son un recurso especulativo muy utilizado para eliminar dicho ruido y obtener una visión más clara de la realidad. Su cálculo consiste en promediar los precios de cierre de un número determinado de sesiones anteriores. Así, la media móvil de 50 sesiones será en valor medio del precio (a cierre) de los últimos 50 días. La media se recalcula en cada nueva sesión y se representa en una gráfica junto al precio dando la sensación de ir moviéndose con este.

No hay que esperar que las medias móviles nos anticipen el futuro sino que las utilizaremos para confirmar que existe una tendencia o que se ha producido un cambio de tendencia, siempre a toro pasado. Esto no significa que no sean un indicador útil, todo lo contrario, simplemente hay que ser conscientes de lo que las medias móviles aportan.

Para especular con medias móviles lo primero que hay que hacer es seleccionar el tipo de media que vamos a utilizar y su duración:

- **Tipo**: podremos elegir entre medias móviles simples (SMA), exponenciales (EMA) o ponderadas (WMA), siendo las dos primeras las más ampliamente utilizadas. La SMA es más suave pues da igual importancia a todos los precios del intervalo mientras que las otras se mueven más rápidamente porque otorgan mayor peso a los precios más recientes. Debido a esto la SMA se utiliza más en plazos largos y la EMA en plazos cortos. En cualquier caso, a efectos prácticos la interpretación es similar independientemente de la media elegida.

- **Duración**: en cuanto a la duración de la media móvil, esta debe ser elegida de acuerdo a nuestra estrategia. Si operamos a corto plazo elegiremos medias cortas, de entre 5 a 20 sesiones, por ejemplo; para estrategias a medio plazo conviene elegir una duración más larga, de entre 50 y 100 sesiones; y si nuestro horizonte es a largo plazo debemos elegir una media larga, la de 200 sesiones es muy popular en estos casos. Cuando digo sesiones me refiero a cualquier escala sea cual sea la seleccionada para el gráfico (semanas, días, horas, minutos...). Teóricamente el período perfecto abarca un poco más (una sesión más, para ser exactos) que la distancia entre dos máximos/mínimos consecutivos.

Ahora bien, la interpretación de las medias móviles y cómo debemos reaccionar ante la información que nos aportan es independiente del tipo y duración que hayamos elegido.

Lo primero en que debemos fijarnos es en dónde están los precios con respecto a la media móvil, por encima o por debajo. Esto nos dirá en qué lado del mercado hay que estar en cada momento: si los precios se mueven por encima de la media el mercado es alcista y por tanto hay que estar largos; si por el contrario los precios se mueven por debajo el mercado es bajista y hay que estar cortos. Una táctica simple sería comprar cuando los precios crucen la media hacia arriba y vender cuando la crucen hacia abajo. Esta táctica funciona bien cuando la tendencia es muy clara y prolongada, en cambio en mercados laterales genera muchas señales falsas que nos pueden hacer perder mucho dinero. El siguiente gráfico muestra las señales que generó el SMA de 100 días sobre el precio de Bank of America durante 2 años.

Figura: Señales de compra/venta utilizando medias móviles

Cuando los precios se acercan a una media móvil famosa el público se pone alerta. La teoría dice que una tendencia permanece válida mientras no aparezcan señales fiables indicando que ha terminado. Asumiendo esta afirmación como verdadera parece inteligente actuar cuando el precio toca una media móvil comprando si la tendencia es alcista o vendiendo se es bajista, es decir, apostando a que la tendencia continúa y el precio no va a atravesar la media móvil definitivamente. Gracias a este comportamiento el propio público acaba convirtiendo las medias móviles más seguidas en soportes y resistencias por lo que conviene seguir estas medias (solamente las medias más populares porque son las que mueven suficiente volumen como para influir significativamente en el mercado). Como ejemplos, para el largo plazo se usa mucho la SMA de 200 sesiones y para el medio la SMA de 50 sesiones; para el corto plazo se puede usar la de 10 o 20 sesiones. En el gráfico podemos ver lo bien que funcionó la SMA de 200 días como soporte/resistencia del índice NYSE entre 2002 y 2010.

Figura: Funcionamiento de las medias móviles como soportes y resistencias

Otra técnica de trading muy popular consiste en representar dos medias móviles de diferente duración y actuar cuando las medias se cruzan. Cuando la media rápida cruce a la lenta desde abajo compraremos; cuando la cruce desde arriba venderemos. El famoso "cruce de la muerte" se da cuando la EMA de 50 sesiones se cruza con la EMA de 200 hacia abajo, lo que al parecer no sucede a menudo y cuando lo hace suele anticipar una caída estrepitosa. También se pueden usar tres medias móviles para disminuir las señales falsas. Por ejemplo, José Luis Cárpatos se guía por el "triple cruce de la muerte" de las EMA de 4, 18 y 40 (recomiendo leer su libro Leones contra Gacelas). En el gráfico se muestran los cruces entre la EMA de 40 y la de 20 en 2010 sobre el precio de las acciones de Coca-Cola.

Figura: Estrategia de compra/venta con varias medias móviles

Figuras de continuación y cambio de tendencia

Si uno se fija en los gráficos de precios y tiene la paciencia de comparar muchos de ellos se dará cuenta de que existen ciertas formaciones que se repiten, y acto seguido el comportamiento de los precios suele ser similar.

Existen dos tipos de formaciones: las que marcan un cambio de tendencia, es decir, el inicio de una tendencia opuesta a la que llevaban los precios anteriormente; y las que indican una continuidad en la tendencia, es decir, que la tendencia anterior continúa. El significado de estas formaciones reside, normalmente, en la psicología de los inversores y si uno es capaz de interpretarlos y aprovecharlos correctamente podrá identificar rápidamente las tendencias.

Normalmente estas figuras no están perfectamente definidas e identificarlas requiere de cierta imaginación, como cuando un niño mira las nubes y ve dragones o caballos alados, lo que puede dar lugar a señales falsas. Sin embargo, si se analiza a la vez el comportamiento del volumen se puede aumentar el grado de certeza en cuanto a la existencia de la figura de cambio/continuidad de tendencia.

En este capítulo veremos las figuras más importantes:

Canales

Sucede a menudo que en una tendencia alcista también se pueden unir los máximos mediante una línea paralela a la directriz alcista; y viceversa en una tendencia bajista.

Un canal está formado por 2 líneas paralelas entre las que se mueve el precio, y pueden ir en cualquier dirección según sea la tendencia. Cada una de las líneas se dibuja uniendo mínimos y máximos respectivamente, y tienen mayor validez cuantos más mínimos/máximos coincidan sobre la línea.

Los canales ofrecen buenas oportunidades de especular en el corto plazo comprando cuando el precio toque la línea inferior y vendiendo cuando toque la línea superior. Además, predicen movimientos bruscos cuando el precio cruza una de las líneas por lo que hay que estar atentos a este tipo de eventos.

Figura: Canal

Hombro-Cabeza-Hombro

El HCH es una figura de vuelta (de tendencia alcista a bajista) muy fiable si se confirma con el volumen. Se trata de una figura de 3 máximos consecutivos en la que el máximo central es más alto (cabeza).

El volumen debe subir conforme suben los precios durante la formación de los 2 primeros máximos (hombro izquierdo y cabeza) y bajar cuando los precios bajan tras marcar estos máximos, pero en la formación de la cabeza el volumen es más bajo. Finalmente, cuando se forma el tercer máximo el volumen baja considerablemente y aumenta mucho después del máximo debido al aumento de las posiciones bajistas.

Cuando el precio traspasa la línea clavicular (la que une los 2 mínimos que se producen a cada lado de la cabeza) podemos establecer un objetivo al precio: la distancia vertical entre la línea clavicular y la cabeza, proyectada hacia abajo. A partir de ahí cabe esperar que los precios sigan descendiendo directamente o que vuelvan momentáneamente a la línea clavicular (pull-back).

Equivalentemente, toda esta teoría puede aplicarse al HCH invertido, que marca un cambio desde una tendencia bajista a otra alcista.

Figura: Figura de cambio Hombro-Cabeza-Hombro

Es conveniente vender rápidamente después del tercer máximo del HCH, siempre que el volumen haya confirmado la figura.

Doble Techo/suelo

En una tendencia alcista los máximos son crecientes, es decir, cada uno supera en altura al anterior. Cuando esto no ocurre y un máximo tiene igual tamaño que su precedente es porque la fuerza de compra (demanda) se ha debilitado y la tendencia está cambiando. Estamos ante un doble techo.

El doble techo también debe confirmarse con el volumen: durante la subida hacia el segundo techo el volumen es mucho menor que en el primero. Una vez que el doble techo ha sucedido, el volumen sube considerablemente debido a las posiciones cortas.

El objetivo de bajada tras el doble techo será la altura del segundo máximo proyectada hacia abajo, y puede darse un pull-back posteriormente.

Al igual que con el HCH, el doble techo puede darse equivalentemente de forma inversa, es decir, para indicar un cambio de tendencia bajista a alcista, llamándose en este caso doble suelo.

Aunque no es una figura muy habitual es muy fiable por lo que no hay que perderla de vista.

Figura: Figura de cambio Doble Techo

Techo/Suelo Redondeado

A veces el agotamiento de una tendencia se produce de forma lenta y gradual; la pendiente de la tendencia original se va reduciendo hasta anularse y comenzar la tendencia contraria, formando un arco.

El volumen en estos casos forma una U: es alto al principio pero se va debilitando debido a la incertidumbre, y cuando la tendencia se ha girado los inversores lo detectan y vuelven a operar, por lo que el volumen crece de nuevo.

Cuanto más largo sea el techo/suelo redondeado más fuerte será la reacción posterior.

Figura: Figura de cambio Suelo Redondeado

Triángulos, Banderas y Gallardetes

Los triángulos son figuras de continuación de tendencia, es decir, zonas en las que los precios se toman un respiro antes de proseguir con el camino que llevaban. Se trata de zonas en las que los precios van rebotando entre 2 líneas convergentes que forman un triángulo hasta que el precio rompe la línea superior/inferior (según se a la tendencia alcista/bajista) y continúa la tendencia original.

Cuando una de las líneas tiene mayor inclinación que la otra (triángulo asimétrico) la ruptura suele producirse en la dirección de la línea más inclinada.

Figura: Figura de continuación Triángulo

Las banderas son canales que se producen tras una subida o bajada muy fuerte para compensar ese movimiento brusco. Pueden ser figuras de vuelta o continuación pero, en cualquier caso, lo más habitual es que se resuelvan en la dirección contraria a la bandera (es decir, si la bandera está inclinada hacia abajo el precio romperá por arriba).

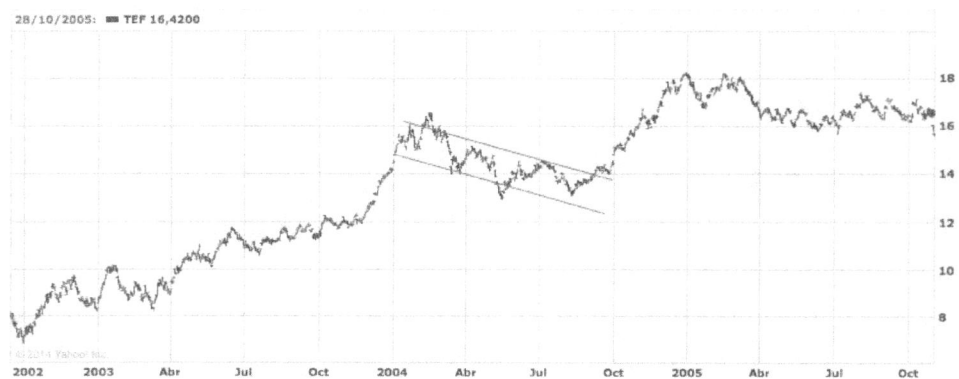

Figura: Figura de continuación Bandera

Los gallardetes y cuñas son figuras muy parecidas a los triángulos y con idéntica interpretación, no merece la pena hacer ninguna distinción.

En los 3 casos, el volumen suele bajar durante la formación de la figura y subir fuertemente cuando se produce la ruptura.

Gaps

Los gaps son huecos en la curva de precios, zonas en que el precio da un salto brusco en vez de subir o bajar de forma continuada. Es una zona de precios en la que no se producen operaciones, nadie compra ni vende.

Generalmente se producen cuando sucede alguna noticia importante entre dos sesiones y el precio de apertura es muy diferente del anterior cierre. Son más habituales en mercados poco líquidos y es importante que vayan acompañados de volumen alto para considerarlos.

Existen tres tipos principales de gaps:

- **De ruptura**: son una salida brusca de un área de congestión, cuando después de un tiempo dudando el mercado se decide con fuerza a tomar una dirección, probablemente debido a alguna noticia relevante. Si vienen acompañados de volumen alto entonces el gap se confirma y marca el inicio de una tendencia fuerte; en caso contrario puede ser una falsa alarma y hay probabilidades de que el gap se rellene (los precios reculan cubriendo la zona del gap hasta llegar a niveles anteriores).

Figura: Gap de ruptura

- **De continuación**: se dan en medio de una tendencia, debido a que crece el entusiasmo de los inversores o que nuevos inversores se suman a la tendencia y esa nueva fuerza provoca una aceleración. Suelen ocurrir a la mitad exacta de la tendencia por lo que se usan como indicador de hasta dónde va a llegar la tendencia. Deben ir acompañados de volumen alto.

Figura: Gap de continuación

- **De agotamiento**: se dan al final de una tendencia, es como un fuerte coletazo final antes de darse la vuelta, o de permanecer en una zona de congestión por un tiempo. Deben también ir de la mano de una subida importante de volumen.

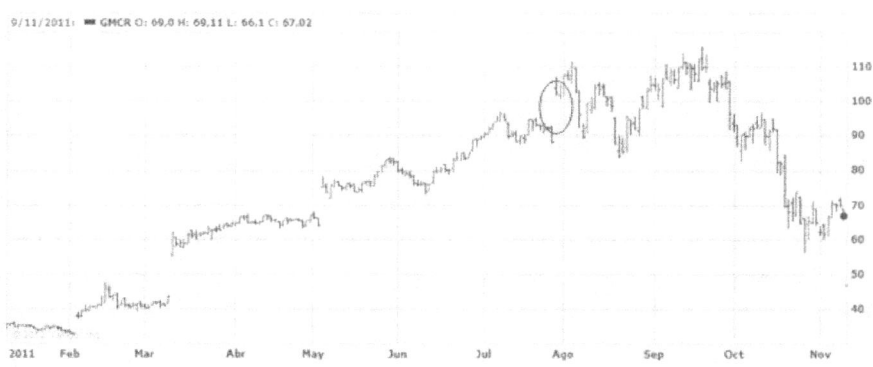

Figura: Gap de agotamiento

Sin embargo, la mayoría de gaps son normales, debidos probablemente a desfases horarios entre diferentes mercados, y suelen rellenarse (el precio regresa hasta el origen del gap) así que hay que tener cuidado.

Figura: Gap rellenado

A veces pueden sucederse dos gaps bastante seguidos que dejan unas barras de precios aisladas, formando como una "isla". Es un evento poco común pero cuando ocurre suele indicar un cambio de tendencia con alta fiabilidad.

Ciclos, Ondas y Otros Esoterismos

Si lo visto hasta ahora sobre análisis técnico suena esotérico preparaos porque vienen los ciclos.

Mirando hacia atrás es fácil darse cuenta de que la economía se mueve por ciclos: fases de expansión y recesión alternadas. Tras un período de auge viene una crisis y tras una crisis un nuevo auge, y así la economía se va ajustando. Evidentemente en Bolsa pasa lo mismo aunque los eventos se adelantan.

Con mucho tiempo, una buena dosis de paciencia y algo de imaginación podríamos identificar, para cada mercado, un ciclo estándar que más o menos se va repitiendo. Así se han inventado el famoso ciclo de 18 años, el de 41 meses o el de Kondratieff (54 años).

La utilidad operativa de los ciclos es muy limitada pues nadie va a comprar sistemáticamente cada 41 meses u 18 años, pero podemos sacar una lección importante: nada dura para siempre.

El máximo exponente de la teoría de los ciclos son las ondas de Elliot. Elliot establece que los grandes mercados alcistas están compuestos por 8 ondas principales como en la figura:

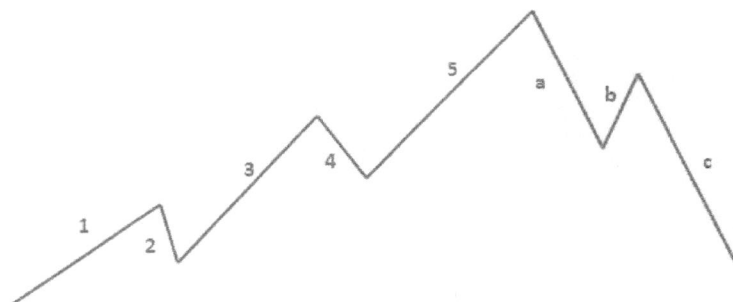

Figura: Ondas de Elliot

Existe una etapa alcista (ondas 1-2-3-4-5) y otra bajista (a-b-c). Las ondas 1, 3 y 5 se denominan impulsos porque van a favor de la tendencia, y las 2 y 4 son correctoras, siendo la onda 3 la más grande de todas, en cualquier caso nunca menor que la 1. Los impulsos suelen tener un alcance de 1,618 veces la corrección anterior.

Otra teoría esotérica que merece mención son los retrocesos de Fibonacci, según la cual los precios tienden a encontrar soportes y resistencias en sus retrocesos a determinados niveles: 31.2%, 50%, 61.8% (proporción áurea) y 100%. Es decir, tras una subida dentro de un movimiento alcista habrá una bajada (corrección) equivalente a un 31.2%, 50%, 61.8% o 100% de la subida original, antes de continuar con la tendencia. Todo esto suena absurdo y probablemente lo sea pero la realidad es que funciona en bastantes ocasiones, seguramente debido a que esta teoría está tan extendida que los traders fuerzan que se cumpla a través de su comportamiento.

No está de más dibujar sobre el gráfico los niveles de Fibonacci y considerarlos como posibles soportes/resistencias.

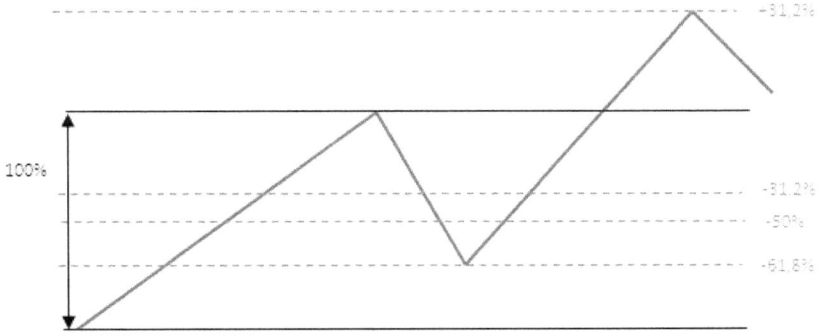

Figura: Niveles de Fibonacci

Indicadores

Los indicadores son parámetros estadísticos calculados a partir de datos de precio y volumen pasados. Nos dan información acerca del estado del mercado y principalmente señalan puntos (precios) de compra y venta, identificando las zonas de sobreventa (situación tras una bajada exagerada a partir de la cual el precio tiene muchas probabilidades de subir) y sobrecompra (situación tras una subida exagerada a partir de la cual el precio tiene muchas posibilidades de bajar) respectivamente.

Antes de empezar conviene resaltar que los indicadores son herramientas secundarias, es decir, lo primero y lo más importante es determinar la tendencia, de forma secundaria podemos prestar atención a algún oscilador para determinar puntos de compra/venta dentro de la tendencia o confirmar un cambio.

Existen indicadores como el MACD o una simple media que pretenden señalar cambios en la tendencia y son útiles cuando existe una tendencia clara, ya sea alcista o bajista. Además, están los llamados osciladores, como el RSI o el estocástico, que se utilizan para detectar cambios de dirección del precio dentro de un mercado lateral, de hecho son los únicos indicadores fiables en estos casos. Es imprescindible ser consciente de qué tipo de indicador estamos empleando para saber cuándo es útil.

El RSI y el MACD son los únicos indicadores que yo uso pero veremos unos cuantos más.

Es importante no precipitarse ante una indicación de sobre-compra o sobre-venta, divergencia o cualquier tipo de señal procedente de un indicador pues son estados que pueden durar mucho tiempo o dar falsas alarmas; <u>siempre hay que esperar a que la tendencia se confirme</u> a través de soportes/resistencias, medias móviles, volumen, etc.

MACD

El MACD (Moving Average Convergence-Divergence) es un indicador técnico de seguimiento de tendencia que sirve, evidentemente, para identificar tendencias e incluso marcar el comienzo y el fin de una tendencia comparando (restando) 2 medias móviles exponenciales. El resultado se compara a su vez con la propia media móvil exponencial del MACD, a lo que se llama "señal". Es decir, se representan 2 líneas (a veces el MACD se representa como histograma, pero su cálculo y su significado son los mismos):

$$MACD = EMA(12) - EMA(26)$$

$$Señal = EMA(MACD(9))$$

Se puede escoger la duración de las medias móviles que uno quiera pero en general se usan las de 26 y 12 sesiones para la línea 1 y la de 9 sesiones para la segunda líneas. El aspecto del MACD y la señal es el siguiente:

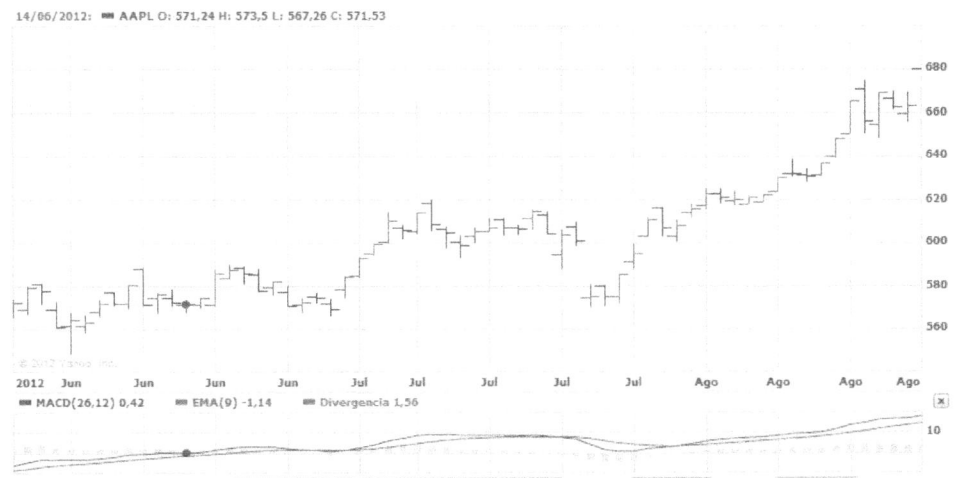

Figura: Indicador MACD

Si el MACD es positivo y la media móvil rápida es mayor que la lenta por lo que probablemente estemos ante una tendencia alcista. Cuando, además, el MACD está creciendo habrá más posibilidades de estar en lo cierto pues significa que la diferencia entre las medias crece.

Si por el contrario el MACD es negativo la tendencia será probablemente bajista, más aún si el MACD está decreciendo.

Por tanto, cuando el MACD cruza la línea de 0 desde abajo hacia arriba es momento de comprar; si lo hace de arriba abajo indicará el momento de vender. Estos cruces a veces se producen demasiado tarde (cuando la tendencia ya está muy avanzada o incluso acabando) por lo que se suele utilizar del mismo modo la línea de señal en vez de la línea de 0.

RSI

El RSI (Relative Strength Index) es un oscilador que representa la "fuerza" de una cotización para detectar estados de sobrecompra (precios demasiado altos debido a una demanda masiva) y sobreventa (precios demasiado bajos debido a una oferta masiva). Para ello compara los movimientos alcistas con los bajistas en un período concreto de tiempo, es decir, compara en número de días en que el precio de cierre ha superado el cierre del día anterior con el número de días que ha sucedido lo contrario:

$$RSI = 100 - \frac{100}{(1 + RS)}$$

$$RS = \frac{días\ con\ cierre\ superior\ al\ del\ día\ anterior}{días\ con\ cierre\ inferior\ al\ del\ día\ anterior}$$

El valor resultante queda comprendido entre 0 y 100 y popularmente se considera que valores por encima de 70 indican zonas de sobrecompra, mientras que valores por debajo de 30 marcan sobreventa.

Por tanto, probablemente será buen momento para vender cuando el RSI supera 70 y de comprar cuando baja de 30, siempre confirmando las oportunidades de compra/venta con otras herramientas como el volumen, ruptura de soportes/resistencias, etc. Pero cuidado, como oscilador solamente es fiable en mercados laterales, sin tendencia.

Figura: Indicador RSI

Estocástico

Al igual que el RSI, el estocástico es un oscilador cuyo valor se comprende entre 0 y 100, pero marcando las zonas de sobrecompra cuando se encuentra por encima de 80 y las de sobreventa por debajo de 20.

El estocástico se obtiene a partir del precio actual y el máximo y mínimo alcanzados en el periodo indicado (5 o 20 sesiones son valores habituales) mediante la siguiente fórmula:

$$\%K = 100 \, x \, \frac{Precio\ Actual - Minimo\ periodo}{Maximo\ periodo - Minimo\ periodo}$$

Además de esta línea, al igual que sucede con el MACD, se representa su media móvil (normalmente de 3 sesiones) para adelantar las señales de compra y venta, de manera que si %K corta su media (llamada %D) de abajo a arriba será señal de compra mientras que si la corta de arriba abajo lo será de venta.

Figura: Indicador Estocástico

En mercados laterales, vender cuando el estocástico esté por encima de 70 y comprar cuando se encuentre por debajo de 30, siempre confirmando las oportunidades de compra/venta con otras herramientas.

Momentum

Se trata de una simple resta, el último cierre menos el cierra de hace n sesiones (normalmente 5 o 10 sesiones), cuyo objetivo es mostrar la "velocidad" de los precios, es decir, cómo los precios van creciendo o decreciendo.

$Momentum = Cierre_{actual} - Cierre_n$

Este oscilador se utiliza para anticipar cambios de tendencia (recordad que los osciladores funcionan mejor en tendencias laterales). El momentum es positivo cuando el precio actual es mayor que el de hace n sesiones, y si el oscilador lleva una tendencia creciente estará indicando una tendencia alcista. Un momentum negativo que lleva una trayectoria decreciente indicará que la tendencia es bajista.

En caso de utilizar el momentum hacerlo como herramienta especulativa a muy corto plazo únicamente en mercados claramente laterales.

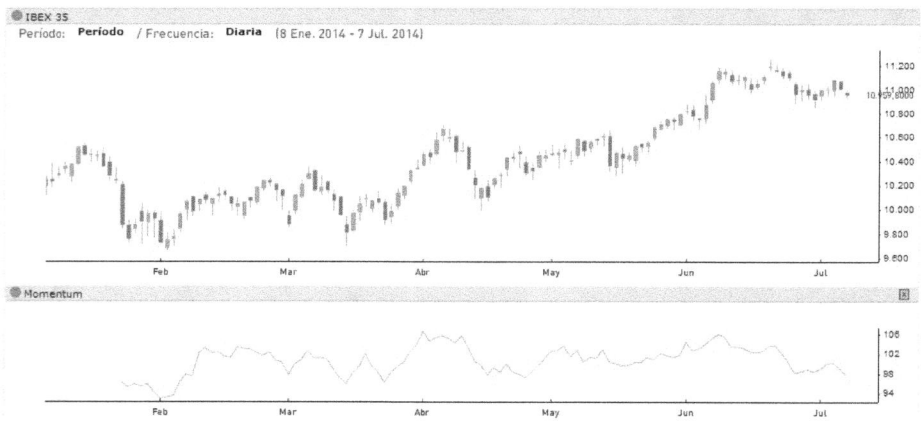

Figura: Indicador Momentum

Bandas de Bollinger

John Bollinger ideó una manera de estimar la desviación máxima que podía sufrir un precio desde su media suponiendo que la variación de los precios se distribuye de forma Gaussiana. Representó la desviación máxima y mínima mediante dos líneas o bandas que se van adaptando de forma dinámica al nuevo precio, obteniendo así una envolvente dentro de la cual debe encontrarse el precio en situaciones normales.

Figura: Bandas de Bollinger

Las bandas serán más estrechas cuanto más estable sea el precio, es decir, cuanta menos volatilidad haya, lo que suele darse en mercados laterales. En estos casos el precio suele ir oscilando de una banda a otra, por lo que una estrategia de trading sería abrir una posición cuando el precio toca una de las bandas y cerrarla cuando toca la banda opuesta. Por ejemplo, si el precio tocase la banda inferior compraríamos y no venderíamos hasta que el precio alcanzase la banda superior.

Sin embargo, las mejores oportunidades suceden cuando la volatilidad es alta. Si después de una fase lateral el precio toma una tendencia entonces las bandas se abrirán y el precio rebasará una de las bandas claramente. En este caso deberemos tomar posiciones en la dirección de la banda rebasada para estar a favor de la tendencia.

La estrategia más rentable es apostar por la dirección del precio cuando este rompa alguna de las bandas de Bollinger, siempre confirmando la señal con otras herramientas.

Divergencias

A pesar de las estrategias comentadas previamente la mayor utilidad de los indicadores técnicos está en detectar divergencias con el precio. Una divergencia es una incoherencia entre el precio y un indicador y suele ser una señal fiable de que la tendencia se está agotando o le falta fuerza.

Hay dos tipos de divergencias:

- **Divergencia alcista**: la tendencia es bajista, sucediéndose nuevos mínimos que <u>no</u> son acompañados por el indicador, es decir, los mínimos del indicador son cada vez mayores. En este caso el indicador nos está advirtiendo de un posible cambio de tendencia de bajista a alcista. Si unimos mediante una línea los mínimos del precio y mediante otra línea los mínimos del indicador veremos algo parecido a un signo "mayor que" (>).

Figura: Divergencia alcista del MACD en el gráfico de Caterpillar tras la fuerte caída de 2008

- **Divergencia bajista**: la tendencia es alcista sucediéndose nuevos máximos que <u>no</u> son acompañados por el indicador, es decir, los máximos del indicador son cada vez menores. En este caso el indicador nos está advirtiendo de un posible cambio de tendencia de alcista a bajista. Si unimos mediante una línea los máximos del precio y mediante otra línea los máximos del indicador veremos algo parecido a un signo "menor que" (<).

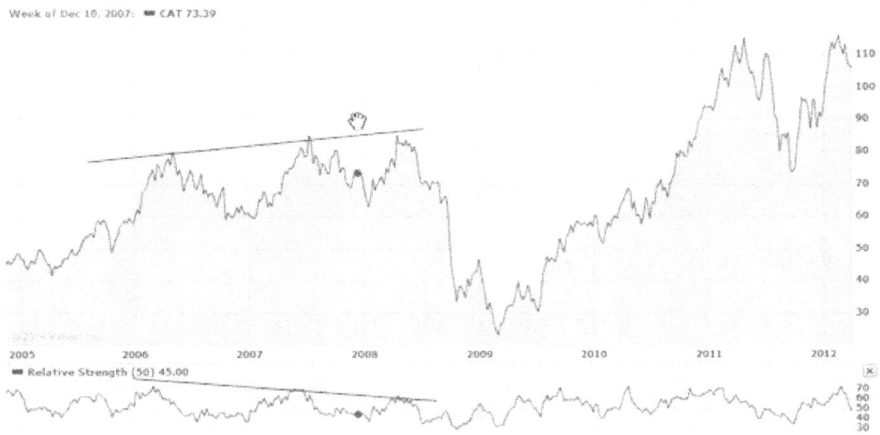

Figura: Divergencia bajista del RSI en el gráfico de Caterpillar justo antes de la caída de 2008

Evidentemente las divergencias no son señales inequívocas pero son bastante fiables, especialmente si duran un tiempo considerable y se producen durante un buen número de máximos/mínimos.

La estrategia sería comprar tras una divergencia alcista y vender tras una bajista, siempre intentando confirmar el cambio de tendencia con el volumen, cruces de medias móviles, figuras de cambio de tendencia, etc.

Análisis Bursátil

El análisis bursátil relaciona el precio de una empresa en Bolsa con sus cuentas para determinar si dicha empresa está siendo correctamente valorada por el mercado o, por el contrario, está infravalorada/sobrevalorada. Si detectamos que una empresa está siendo infravalorada será una buena oportunidad de compra, a la espera de que el mercado acabe reconociendo su valor; cuando identifiquemos una sobrevaloración será entonces momento de vender.

Esta identificación de sobrevaloraciones/infravaloraciones se realiza mediante el cálculo y comparación de indicadores bursátiles, siendo los más útiles y conocidos los que se detallan a continuación.

Generalmente los indicadores bursátiles no dicen gran cosa por sí solos sino que su utilidad reside en la comparación de índices de diferentes empresas, preferiblemente dentro de un mismo sector.

Beneficio Por Acción (BPA)

El BPA indica cuánto dinero está ganando la empresa por cada una de sus acciones y se obtiene dividiendo el beneficio total de la empresa por el número de acciones.

No hay que olvidar que cuando compramos acciones de una empresa estamos comprando un trozo de dicha empresa. Una de las primeras preguntas que nos haríamos antes de comprar una empresa es: ¿cuánto dinero genera? De forma equivalente, para evaluar la compra de un trozo de empresa (acciones) necesitamos conocer cuánto dinero genera ese trozo de empresa.

$$BPA = \frac{Beneficio\ Neto}{Numero\ Acciones}$$

Por ejemplo, si en BPA de Apple es de 3$ significa que cada acción de la empresa está aportando beneficios anuales netos por valor de 3$. Así en frío no dice gran cosa a no ser que lo comparemos con el BPA de otra empresa o con precio de la propia acción, y aquí entra el PER.

Al analizar varias acciones en las que invertir debemos dar puntos extra a las empresas con mayor BPA, especialmente cuando se comparan empresas dentro del mismo sector.

Price-Earning Ratio (PER)

Se obtiene al dividir el precio de una acción por el beneficio neto que genera dicha acción (BPA), indicando así el precio de mercado de la empresa como múltiplo de sus beneficios.

Por ejemplo, si el PER de Google es de 15 significa que los inversores están valorando la empresa como 15 veces sus beneficios, es decir, teóricamente si nos abonasen el beneficio que generan nuestras acciones cada año tardaríamos 15 años en recuperar nuestra inversión.

$$PER = \frac{Precio\ Accion}{BPA}$$

El PER es el ratio bursátil más conocido y usado, hasta el punto de que muchos inversores basan sus decisiones únicamente en el valor de este ratio. Está claro que hay que observarlo pero también hay que evaluar otros factores explicados en capítulos anteriores. Es más, normalmente el PER por sí solo ofrece poca información, su valor cobra mayor importancia cuando comparamos el PER de una empresa con el de otras empresas del mismo sector. Este tipo de comparación para valorar una empresa se puede realizar con cualquier indicador bursátil (BPA, rentabilidad por dividendo…) y se denomina **valoración por múltiplos bursátiles comparables.**

Por tanto, debemos utilizar el PER como herramienta para comparar empresas dentro de un mismo sector, beneficiando a la empresa con PER más bajo.

Rentabilidad por Dividendo

Anteriormente comentamos que una de las maneras de conseguir rentabilizar tu dinero en Bolsa es mediante el cobro de dividendos. Entre los parámetros a considerar cuando evaluamos la compra de un valor concreto está la rentabilidad por dividendo, es decir, el porcentaje que representan los dividendos que reparte una empresa sobre el valor de su acción. Si una acción vale 10 euros y reparte 50 céntimos al año en concepto de dividendos, esta acción tendrá una rentabilidad por dividendo del 5%. Esto quiere decir que podemos rentabilizar nuestra inversión en 20 años solamente mediante dividendos, y eso sin reinvertirlos.

$$Rentabilidad\ por\ Dividendo = \frac{Dividendos}{Precio\ Accion}$$

Cuando una empresa reparte muchos dividendos no está reinvirtiendo sus ganancias en el propio negocio por lo que no es de esperar que el precio de sus acciones se incremente demasiado. Por tanto, exigir alta rentabilidad por dividendo supone generalmente renunciar a altas plusvalías. Normalmente son las blue-chips (grandes empresas estables con poca volatilidad y baja necesidad de reinversión) las que ofrecen mayores dividendos.

Debemos comprar acciones con rentabilidades por dividendo acorde a nuestras expectativas; dividendos altos si queremos rentabilizar nuestra inversión mediante el cobro de estos y dividendos bajos si aspiramos a obtener plusvalías vendiendo las acciones en el futuro a un precio mayor.

Pay-Out

El pay-out es el porcentaje del beneficio neto de una empresa que se reparte entre sus accionistas como dividendos. Una empresa que ha ganado 40 millones de euros en 2012 y su pay-out es del 20% significa que ese año ha repartido 8 millones a sus accionistas.

Este parámetro nos da una idea de cuál es la política de reinversión de la empresa. Aunque no existen valores de referencia para evaluar si un pay-out es adecuado lo normal es que una empresa en fase de crecimiento reinvierta mucho dinero (pay-out bajo) y una empresa sólida y bien establecida no realice grandes inversiones nuevas (pay-out alto).

$$Payout = \frac{Dividendos}{Beneficio\ Neto}$$

Beta

El parámetro beta muestra la dependencia o correlación de un activo con el mercado en el que cotiza. En cierta manera se trata de un parámetro medidor del riesgo de una inversión, siendo mayor el riesgo cuanto mayor es la beta (en valor absoluto). Mejor veámoslo directamente con un ejemplo.

Supongamos que el Santader tiene una beta de 0.9 con el Ibex-35, índice del cual forma parte. El significado práctico de este parámetro es que si el Ibex-35 sube un 10% el Santander subirá un 9% (0.9x10%). De la misma manera, cuando el Ibex-35 baje un 10% el Santander lo hará un 9%.

Ahora supongamos un valor con una beta de 1.6. En este caso estamos ante un valor más volátil, es decir, que sufre mayores fluctuaciones pues varía un 60% más que su mercado. El riesgo de invertir en este valor es evidentemente mayor.

Pueden darse casos de betas negativas cuando un valor cae al subir el mercado y viceversa. Son casos raros pero existen.

Para el largo y medio plazo mejor invierte en valores con betas bajas, cercanas a 0; para especular a corto plazo busca betas más altas.

Capítulo 4.   <u>Controlar el Riesgo</u>

Hasta el mejor del mundo se equivoca, incluso a Warren Buffet le sale mal alguna inversión de vez en cuando. No hay una ciencia exacta que determine con total certeza si una inversión va a ser buena o no, toda inversión conlleva un riesgo que ya hemos visto que se puede reducir pero nunca eliminar.

Por tanto, resulta imprescindible introducir una buena gestión del riesgo en nuestra estrategia para no hundirnos en cuanto se tuerzan un poco las cosas. Siguiendo unas reglas básicas podremos permitirnos algún fracaso que otro y aun así conseguir resultados positivos.

Psicología del inversor

El principal riesgo de una inversión no está ahí fuera, no son los mercados ni los malvados especuladores, eres TÚ MISMO. Así es, nuestras emociones nos juegan malas pasadas haciéndonos impulsivos e insensatos así que mejor empieza por conocerte y controlar tus emociones. Para ganar en Bolsa hay que actuar de forma fría e inteligente siempre de acuerdo a tu estrategia, sin dejarse llevar nunca por la ansiedad del momento.

El valor de las acciones y cualquier otro activo financiero están constantemente subiendo y bajando. Puede que mañana tus acciones valgan un 5% menos pero la semana que viene quizás recuperen un 20%; hay gente incapaz de aguantar esa caída del 5%, se ponen nerviosos y venden rápidamente perdiendo dinero. Como dijo Warren Buffet "si no eres capaz de ver tus acciones bajar un 50%, no entres en Bolsa".

También puede pasar que elijas una mala inversión y empieces a perder dinero; hoy un 3%, mañana un 10% más...Todavía estás a tiempo de vender asumiendo que te has equivocado con un 13% de pérdidas y esperar hacerlo mejor la próxima vez. Sin embargo es muy normal obsesionarse y esperar una recuperación que quizás nunca llegue, y al final tendrás que vender habiendo perdido un 80%.

Estos comportamientos humanos pueden convertir apuestas ganadoras en perdedoras, por eso es tan importante definir una buena estrategia acorde a tu situación y personalidad, y seguirla a rajatabla (ver *Capítulo 2 Definir tu Estrategia*).

Algunos de los errores más comunes que debemos evitar son:

- **Exceso de orgullo**: el ser humano necesita demostrar que triunfa, así venderemos rápidamente en cuanto una inversión nos de alguna ganancia pero mantendremos las malas inversiones para no reconocer que fallamos.

- **Exceso de confianza**: cuando ganamos nos sentimos excitados, exaltados, y tendemos a pensar que somos invencibles. Si una inversión nos ha salido bien la próxima vez pecaremos de exceso de confianza y asumiremos más riesgo, especialmente si estamos jugando con dinero "ganado" que inicialmente no era exactamente nuestro, hasta que todo se venga abajo. Este efecto se llama "house money" haciendo un símil con el casino, cuando alguien gana a la casa esas ganancias no las ve como suyas y las arriesga con facilidad hasta perderlas. Así es difícil que alguien salga con más dinero que con el que entró.

- **Entrada en pánico**: cuando compramos ciertas acciones y de repente su valor baja un 3% entramos en pánico y vendemos automáticamente antes de perder más dinero. Tenemos que ser conscientes de que la Bolsa está subiendo y bajando de forma continua, lo importante es tener un horizonte claro y no sucumbir a los vaivenes del camino.

- **Amor ciego**: es fácil aferrarse a un valor que nos ha dado buenos resultados en el pasado. Por ejemplo, si hace un año ganamos una buena plusvalía invirtiendo en Apple tenderemos a "enamorarnos" de este valor y a considerar siempre volver a invertir en él aun cuando no es el momento apropiado. Hay que desprenderse de estas emociones insensatas y mantener la mente fría.

- **Recuperación agónica**: cuando una operación sale mal y nos hace perder mucho dinero cunde el pánico, nos sentimos derrotados y necesitamos demostrar que somos ganadores. Este sentimiento nos impulsa a querer recuperar el dinero perdido lo antes posible y lo intentamos conseguir mediante inversiones arriesgadas. Normalmente volvemos a perder y la siguiente operación será aún más arriesgada, y así hasta que ya no nos quede ni un céntimo en la cuenta. Perder de vez en cuando entra dentro de los planes pues toda inversión tiene un riesgo, hay que ser consciente de ello y continuar con nuestra estrategia incluso después de una gran pérdida.

El binomio rentabilidad-riesgo

La rentabilidad que una inversión puede dar en el futuro es más o menos incierta pues dependerá de muchos factores externos. A esa incertidumbre se le llama riesgo y será premiada con mayor rentabilidad cuanto más alta sea.

Imagina que el Real Madrid juega contra un equipo de tercera división, ¿qué esperas que pase? Las probabilidades indican que el Real Madrid va a ganar por lo que apostar por este equipo tiene menor riesgo. Por eso las casas de apuestas ofrecerán menor rentabilidad a una apuesta a favor del Real Madrid que una a favor del otro equipo.

Analiza cuánto riesgo puedes tolerar y elige inversiones que maximicen la rentabilidad de acuerdo a ese riesgo; y desconfía de los productos de "bajo riesgo" y altas rentabilidades.

Recuerda siempre que una inversión de mayor riesgo produce mayor rentabilidad... ¡excepto cuando no lo hace!

Tantos años, tanto riesgo

Cuando uno empieza a invertir lo primero que se pregunta es: "¿qué tipo de inversiones debería hacer? ¿Debería centrarme en comprar acciones o renta fija?".

Es evidente que no hay una respuesta generalizada porque la situación personal de cada uno es diferente y no todos podemos tolerar el mismo nivel de riesgo en nuestras inversiones pero desde el punto de vista económico la situación de las personas dentro de un mismo rango de edad suele tener ciertas similitudes, así como personas de edad muy diferente suelen estar en situaciones radicalmente distintas.

Un hombre de 25 años tiene toda la vida profesional por delante, si ya ha empezado a trabajar su salario será bajo y espera que vaya aumentando con el tiempo y todavía no tiene responsabilidades económicas como una hipoteca o hijos. Si mañana perdiese todo su dinero no supondrá una catástrofe irreparable sino que tendría tiempo y oportunidades para recuperarse.

En cambio, un hombre de 60 está al borde de la jubilación, y aunque las obligaciones económicas ya hayan sido resueltas (probablemente haya terminado de pagar su hipoteca y sus hijos sean independientes) ya no debe esperar grandes ingresos. Si mañana se arruinase lo más probable es que acabara viviendo una jubilación terrible pues no podría recuperarse.

El primero, por tanto, puede (y debe) asumir más riesgos en busca de mayores rentabilidades; la lógica responsable dice que el segundo debe proteger sus ahorros y no correr riesgos para asegurarse una jubilación financieramente tranquila.

Si tu situación es la del primer caso invierte tus ahorros principalmente en acciones, divisas y derivados financieros. Si es la del segundo caso opta por bonos soberanos y depósitos a plazo fijo. Benjamin Graham, en su libro El Inversor Inteligente, propone una regla aproximada para distribuir tus inversiones según tu edad: réstale a 100 tu edad y obtendrás el porcentaje de tu cartera que debería estar invertido en activos de más riesgo como acciones. Por ejemplo, yo tengo 30 años por lo que me convendría invertir el 30% de mi dinero en activos de menor riesgo como renta fija y el 70% en acciones y otros productos de mayor riesgo (aproximadamente). Periódicamente debería revisar esta ponderación y adaptarla.

Considera tu edad al componer tu cartera de inversión y evitarás situaciones desafortunadas que no puedas reparar.

Diversifica y ganarás

La regla es simple: no poner todos los huevos en la misma cesta. Si la cesta se cayese lo perderías todo.

Por ejemplo, si inviertes todo tu dinero en comprar acciones de Bankia y por alguna razón la empresa quiebra habrás perdido todos tus ahorros (¿te suena?). Sin embargo, si compras acciones de varias empresas puedes permitirte el lujo de perder dinero con algunas mientras otras den ganancias.

Para crear una cartera bien diversificada conviene:

- Invertir en empresas de **diferentes sectores**: si un sector decae, por ejemplo el de la construcción, no todas nuestras acciones bajarán.
- Invertir en empresas de **diferentes nacionalidades**: si las acciones de las empresas españolas bajan porque España está atravesando un mal momento pero Alemania está bien y tenemos acciones de empresas alemanas compensaremos unas con otras.
- Invertir en empresas de diferentes nacionalidades que usen **monedas diferentes**: si tenemos acciones de empresas americanas o japonesas, una bajada del valor del Euro no nos afectaría.

Ten en cuenta que diversificar puede reducir nuestras ganancias al compensar buenos resultados con malos resultados, pero el objetivo es reducir el riesgo y ya sabemos que a menor riesgo menor rentabilidad.

Diversifica adecuadamente y ganarás reduciendo el riesgo de tus inversiones.

Probabilidades

Es posible (aunque poco probable) ganar dinero en Bolsa sin saber nada sobre economía, así como también es posible ganar en un casino simplemente usando la estadística.

Elige una empresa al azar, sin basarte en absolutamente nada, totalmente a ciegas. ¿Qué probabilidades hay de que en un plazo de tiempo determinado sus acciones valgan más? ¿Y de que valgan menos? Exacto, las probabilidades son las mismas, fifty-fifty.

Basándonos en este principio podemos desarrollar estrategias estadísticamente ganadoras a largo plazo. Por ejemplo, podemos invertir la misma cantidad de dinero en 10 valores que no tengan relación entre sí (diferentes sectores, mercados, moneda…); cuando la cotización de un valor baje un 3% venderemos rápidamente asumiendo esa pérdida, pero cuando un valor suba hasta un 3% colocaremos un stop-loss asegurando esa ganancia, y lo iremos subiendo según suba la cotización. De esta manera estamos asegurando que cuando ganamos lo hacemos como mínimo en la misma proporción que cuando perdemos, asegurando resultados positivos o neutros pero nunca negativos.

Vale vale, de acuerdo, habría que considerar las comisiones para refinar esta estrategia, tan solo se trata de un ejemplo ilustrativo para ver cómo se puede ganar atendiendo solamente a las probabilidades, aunque no cabe duda de que es más fácil si uno sabe lo que hace. En cualquier caso no está de más añadir un poco de lógica probabilística a nuestra estrategia.

ANEXO I: Ejemplo de análisis – McDONALD'S

McDonald's es la mayor cadena de restaurantes de comida rápida del mundo, atendiendo a 70 millones de clientes cada día en sus 35.000 restaurantes repartidos en 119 países. De origen americano y enfocada en el negocio de las hamburguesas y patatas fritas (aunque recientemente a ampliado su oferta con helados, ensaladas, sándwiches, etc), tal es su presencia internacional que el diario *The Economist* ha creado el "índice McDonald's" que compara el precio de los Bic Mac's (el producto estrella de la empresa) en cada país para ofrecer una referencia comparativa de costes de vida en cada uno, así como una evaluación del precio de la moneda local con respecto al USD.

La acción de McDonald's, que cotiza en la Bolsa de Nueva York y forma parte de los índices S&P 500 y Dow Jones, cerró 2013 a $97,03 (+10% en el año) y repartió $3,12 en concepto de dividendos por acción (rentabilidad 3,21% por acción), reparto que lleva realizando durante 38 años consecutivos. Actualmente (noviembre 2014) la acción cotiza a unos $96 y hay 990 millones de acciones en el mercado, por lo que la empresa capitaliza en bolsa a $95.040 millones.

Analizaremos la empresa mediante los datos publicados en su informa anual, que incluye el formulario 10-K que exige la SEC a las empresas cotizadas en bolsa:

http://www.aboutmcdonalds.com/content/dam/AboutMcDonalds/Investors/McDs2013AnnualReport.pdf

NOTA: todos los datos son de cierre de 2013 excepto el precio de las acciones que se toma el mas reciente (noviembre 2014).

Análisis fundamental

McDonald's posee restaurantes propios, que explota directamente, y franquiciados a los que cobra cuotas por derechos de imagen, comerciales, asesoría, gastos publicitarios, etc. Concretamente un 67% de los ingresos mundiales de la compañía (total $28.106 millones en 2013) se realizan a través de los restaurantes propios, mientras que las franquicias aportan el 33% restante, a pesar de que el 80% de los restaurantes son franquicias (la rentabilidad es mucho menor en este caso pero el riesgo se comparte). Los ingresos de las franquicias son en concepto de alquileres inmobiliarios, fees iniciales y un porcentaje de sus ventas.

Geográficamente las ventas se realizan en estos porcentajes: USA 31%, Europa 40%, APMEA 23% (Asia-Pacífico, Middle East y África) y resto 6%. Los principales mercados en Europa son UK, Francia, Rusia y Alemania (representan el 67% de los ingresos europeos); y en Asia/Pacífico son Japón, China y Australia (representan el 54% de los ingresos en APMEA); estos siete mercados junto con USA y Canadá se denominan los "grandes mercados" de la compañía y aportan el 75% de los ingresos. La diversificación geográfica, política y monetaria es por tanto bastante buena.

La competencia de McDonald's son empresas como Burger King, Starbucks, Yum!, Chipotle o Tim Hortons (recientemente adquirida por Burger King). En general, son empresas comparativamente pequeñas en todos los términos (beneficio, número de restaurantes, capitalización...); por ejemplo, Burger King, que es la cadena con más similitudes, cuenta con 13.000 restaurantes en todo el mundo y unos ingresos de $1.100 millones anuales. Sin embargo, la principal competencia es Yum!, grupo que gestiona marcas como Pizza Hut, KFC o Taco Bell, y tiene unas cifras similares a McDonald's y una importante presencia en Asia.

La empresa crece, aunque moderadamente, a pesar de la crisis global de los últimos años en términos económicos (2% anual en los últimos años aunque en algún caso como 2012 el beneficio neto disminuyó) y en 2013 aumentó el número total de restaurantes en 1.000. Además, mantiene una política de remuneración a sus inversores de todo el *free cash flow* generado, mediante dividendos y recompra de acciones.

El balance resumido de 2013 es el siguiente (cifras redondeadas en miles de millones de $, extraído del informe anual consolidado):

ACTIVO	PASIVO
Activo Fijo 31,5	Recursos Propios 16
	Exigible a largo 20,5
Activo Circulante 5	Exigible a corto 3,1

El fondo de maniobra positivo de 1,9M€ (activo circulante menos exigible a corto = 5-3,1) permite a la empresa cumplir con sus obligaciones a corto plazo. La razón circulante AC/PC es de 1,61 por lo que la empresa no tendrá problemas para afrontar los pagos a corto plazo aunque es un poco alto y puede indicar algún pequeño despilfarro sin mayor importancia. Además, las deudas a largo plazo quedan cubiertas de sobra con el activo fijo.

Los recursos propios (siempre positivos o estaríamos en una quiebra técnica) suponen un porcentaje alto del total del pasivo (un 40%), lo que indica que la empresa es solvente y está poco endeudada externamente (endeudamiento = 23,6/16 = 1,48). Además, la deuda a largo plazo es mucho mayor (6,6 veces) que la de a corto plazo. El 60% de los activos se financia con dinero externo (razón de apalancamiento = 23,6/39,6 = 0,596). El valor en libros de la empresa es $16 mil millones (el valor en libros de cada acción sería de unos $16,2).

Entrando más en detalle, calculamos las NOF, que son relativamente bajas y quedan cubiertas al completo con el FM:

NOF = clientes (accounts receivable) + existencias − proveedores (accounts payable) − pagos atrasados = 1,3 + 0,12 − 0,22 = $1,2 mil millones

La cuenta de resultados consolidada (redondeada y resumida) es (en miles de millones de $):

+	Ventas	28,11 (100%)
−	Coste de Ventas	17,2*
=	**Margen Bruto**	**10,9 (38,8%)**
−	Gastos fijos	2,14**
=	**EBITDA**	**8,76 (31,1%)**
−	Amortizaciones/otros	0,038
−	Provisiones	0
=	**EBIT**	**8,73 (31%)**
+/−	Ingresos/Gastos Financieros	−0,52
=	**EBT**	**8,2 (29,2%)**
−	Impuestos	2,62 (32%)
=	**Beneficio Neto**	**5,59 (19,9%)**

* gastos directos de los restaurantes propios y franquiciados

** ventas, administración y otros

El EBIT es de un 31% sobre ventas, un porcentaje que aparentemente está bastante bien aunque si comparamos con el de Burger King (45%) es bastante bajo. En cualquier caso el beneficio neto es de un 20% sobre ventas para ambas empresas. Esto indica que Burger King es más eficiente en sus operaciones pero McDonald's se financia mejor, conclusión razonable pues McDonald's es una empresa mucho mayor (los ingresos son unas 25 veces más altos).

Sin embargo Yum!, una empresa aproximadamente de la mitad de tamaño en términos económicos, tiene un EBIT del 14% y un beneficio neto del 8% sobre ventas, cifras que además se han reducido considerablemente con respecto a las de 2012; en este caso la comparación es muy favorable a McDonald's.

Los gastos no aparecen muy desglosados pero se puede adivinar que McDonald's tiene unos gastos fijos muy bajos y el grueso se concentra en los restaurantes, es decir, en las operaciones, lo cual es una muy buena señal.

La rentabilidad económica (ROA = 5,59/36,5 = 15,3%) indica que las inversiones se rentabilizan de forma razonable (a 6 años). Los recursos de los accionistas (ROE = 5,59/16 = 35%) tienen una rentabilidad muy alta (rentabilidad a 3 años).

Por zonas geográficas, el EBIT (Operating Income) es mayor en USA y Europa (donde más restaurantes propios hay) y solamente ha disminuido en APMEA (-6%) con respecto a 2012. Las mayores ventas se consiguen en Europa.

ZONA	VENTAS	EBIT	%EBIT	Var.
USA	4512	3779	83,7%	+1%
Europa	8138	3371	41,4%	+5%
APMEA	5425	1480	27,3%	-6%
Otros	800	134	16,75%	+46%
TOTAL	28,106	8764	31,2%	+2%

En cuanto a la caja, el año 2013 cerró con $2,8 billones (billones americanos, es decir, miles de millones), un 22% más que en 2012 y por tanto el cash-flow es positivo. Las operaciones aportaron $7,1 billones de caja en todo el año de los que se repartieron $3 billones en dividendos. Con estos datos y el bajo gasto financiero se puede deducir que la caja no supone un problema para la empresa.

Además, podemos obtener otros datos del informe:

- La empresa gastó $1.810 billones en autocartera (compra de acciones de la propia empresa a otros accionistas)
- Los objetivos de crecimiento anuales de la empresa son: ventas 3-5%, EBIT 6-7% y ROIIC (retorno de inversión) cerca del 20%
- El cambio de divisa ha tenido un impacto negativo en las cuentas de la empresa
- En 2013 se abrieron unos 1.400 nuevos restaurantes y se cerraron unos 500.
- Se reinvirtieron $2,8 billones (CapEx), repartidos fifty-fifty aproximadamente en nuevos restaurantes y existentes.
- El 74% de la deuda es de interés fijo por lo que el riesgo es reducido, aunque el 41% es en moneda extranjera por lo que hay alta exposición a fluctuaciones de divisa (especialmente al Euro).
- El interés medio pagado por la deuda es del 3% (0,065% la de largo plazo y 5,1% la de corto)
- La caja generada por las operaciones al año supone el 50% de la deuda total.
- La empresa tiene 658 millones de acciones en autocartera (treasury stock) frente a un total de 1.648 millones (990 millones adicionales en mercado libre), un 40%, una cifra relativamente alta que rebajaría la posibilidad de especulación por parte de grandes inversores/empresas hostiles y añadiría estabilidad al precio de sus acciones.

Vamos a valorar la empresa por el método de DFC. Aunque este método no deja de ser algo subjetivo y complejo, podemos realizarlo de una manera simplificada para sacar una idea del valor aproximado de la empresa en función de su capacidad para generar liquidez.

Haremos una estimación de los flujos de caja para los próximos 4 años (2014, 2015, 2016 y 2017) a partir de los *free cash flows* pasados asumiendo que la empresa seguirá una tendencia similar. Así, el Valor Actual Neto (VAN) de la empresa se calcula a partir del cash-flow estimado a futuro como:

$$VAN = \frac{CF_{2014}}{(1+k)^1} + \frac{CF_{2015}}{(1+k)^2} + \frac{CF_{2016}}{(1+k)^3} + \frac{CF_{2017} + VR_{2017}}{(1+k)^4}$$

Para obtener los *free cash flows* de años pasados podemos consultar los informes cada año y calcularlo manualmente o, más fácil, acudir a alguna web profesional que ya lo haya hecho, por ejemplo Ycharts.com (http://ycharts.com/companies/MCD/free_cash_flow). Según Ycharts el FCF de los últimos años es:

Año	FCF ($ billones)	Var.
2013	$4,3	+10%
2012	$3,9	-11%
2011	$4,4	+5%
2010	$4,2	+10%
2009	$3,8	+0%
2008	$3,8	+31%
2007	$2,9	+11%
2006	$2,6	-

Se observa que el FCF medio de los últimos 4 años es de $4,2 billones con una tendencia incremental del 8% desde 2006. Además, con los dos trimestres ya consumidos de 2014 se prevé un incremento del FCF con respecto a 2013 (a mitad de año la mejora es del 14%), lo cual es muy buena señal. Por tanto, asumiremos que los flujos de caja futuros se incrementan un 8% cada año con respecto a esos $4,2 billones:

Año	Cash Flow
2014	4,54
2015	4,89

2016	5,29
2017	5,71

Calcularemos la tasa de descuento (k) mediante el WACC, sabiendo que la empresa paga un 3% de media por su deuda y considerando que los inversores exigen una prima del 16% anual (3% en dividendos más 13% en plusvalías por aumento del precio de las acciones, que es la media de los últimos 5 años):

$$WACC = \frac{k_d D(1-t) + k_e E}{D+E} = \frac{0{,}03 * 23{,}6 * (1-0{,}32) + 0{,}16 * 16}{23{,}6 + 16} = 7{,}68\%$$

Debemos calcular el valor residual neto de la empresa a partir de 2017, pues no vamos a calcular los flujos de caja a partir de ese año hasta el infinito. Asumiendo una tasa de crecimiento constante a largo plazo del 3% (esta es otra gran estimación):

$$VR_{2017} = \frac{CF_{2017}(1+g)}{(k-g)} = \frac{5{,}71 * (1+0{,}03)}{(0{,}0768 - 0{,}03)} = \$125{,}76 \text{ billones}$$

La valoración final de la empresa es:

$$VAN = \frac{CF_{2014}}{(1+k)^1} + \frac{CF_{2015}}{(1+k)^2} + \frac{CF_{2016}}{(1+k)^3} + \frac{CF_{2017} + VR_{2017}}{(1+k)^4} =$$

$$= \frac{4{,}54}{(1+0{,}0768)^1} + \frac{4{,}89}{(1+0{,}0768)^2} + \frac{5{,}29}{(1+0{,}0768)^3} + \frac{5{,}71 + 125{,}76}{(1+0{,}0768)^4} = \$110{,}46 \text{ bill}$$

Dividiendo este valor por el número de acciones de la empresa la venta (990 millones) obtenemos el valor teórico de las acciones: $111,57

Se puede comprar el valor obtenido con valoraciones de entidades profesionales, como esta de Stock Analysis On Net (http://www.stock-analysis-on.net/NYSE/Company/McDonalds-Corp/DCF/Present-Value-of-FCFF#Intrinsic-Stock-Value) que estima el valor de la acción de McDonal's en $114,8, realizada mediante cálculos bastante más complejos y difíciles de comprender, o esta de www.gurufocus.com que lo estima en $108,56.

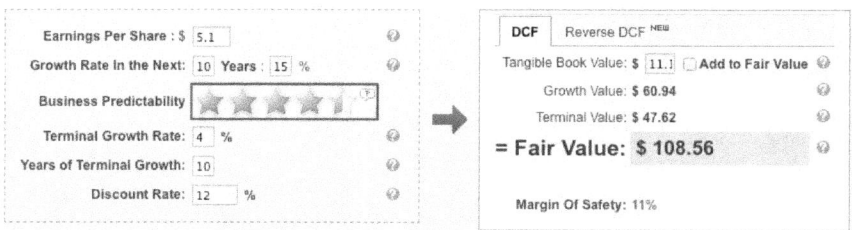

Como conclusión, ya que la empresa cotiza ahora mismo a unos $96, podríamos decir que está infravalorada (margen de seguridad 16,2%) y se identifica una oportunidad de compra.

Análisis técnico

Estimaremos la tendencia del precio de la acción en el largo plazo mediante un gráfico mensual de 10 años y una media móvil simple de 12 meses:

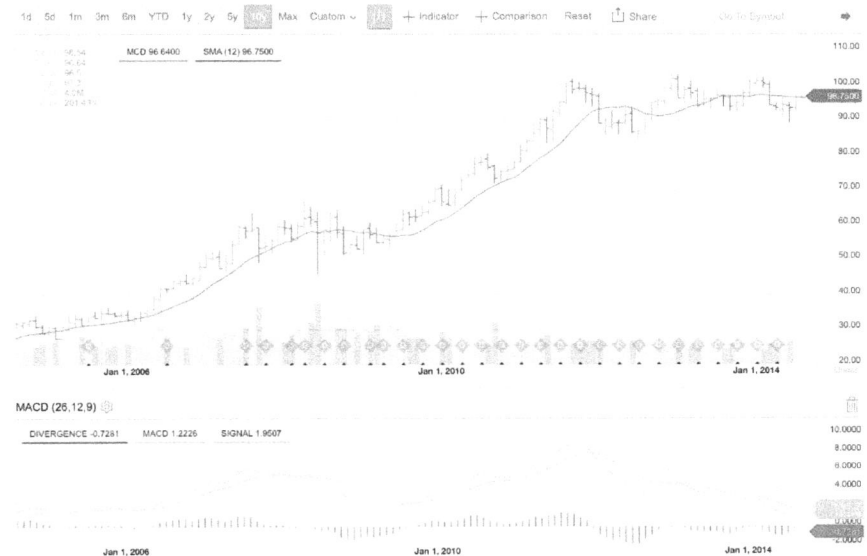

Figura: Gráfico mensual de McDonald's

Se observa que la tendencia es generalmente alcista aunque desde mediados de 2011 se ha estancado en una tendencia lateral que, aunque aparentemente es secundaria, está durando demasiado tiempo. El precio está en torno a máximos históricos y a punto de cruzar la media móvil simple de 12 meses. Además, el MACD indica que estamos en un tramo bajista, probablemente llegando a su final pues es muy bajo. El volumen se mantiene estable en los últimos 4 años.

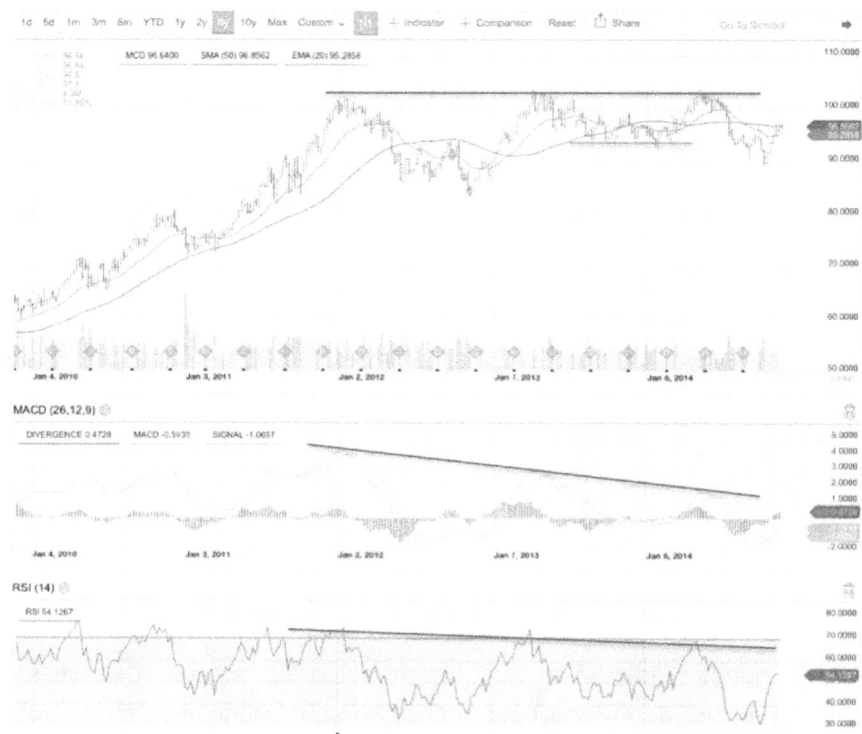

Figura: Gráfico semanal de McDonald's

Si nos fijamos en un gráfico a medio plazo, por ejemplo semanal a 5 años, podremos ver más claramente esta tendencia lateral. En este caso, dentro de esta tendencia lateral, podría ser buen momento de comprar pues la línea rápida del MACD acaba de cruzar la lenta y está a punto de pasar a valores positivos. Además, añadiendo una media móvil exponencial de duración media (20 semanas) vemos que acaba de girar hacia tendencia positiva. Por último, el RSI está en valores medios por lo que no es información relevante.

Este movimiento lateral se confirma observando las divergencias que existen entre los máximos del precio que están al mismo nivel (hay 3 máximos en torno a los $103) y los máximos del MACD o del RSI, que son decrecientes, aunque esta señal podría interpretarse como una premonición de un cambio de tendencia.

En caso de comprar el objetivo sería la resistencia marcada en torno a los $103 a corto plazo, pudiendo fijar un stop-loss (ya que estamos especulando a corto plazo) en el soporte de los $94. Para inversiones a largo plazo convendría esperar a que el precio rebasase la resistencia de los $103 para ser cautos. Como estrategia final combinando estas dos opciones, podríamos comprar ahora poniendo un stop-loss en $94 y cuando el precio superase los $103 actualizar el stop-loss a esta cifra.

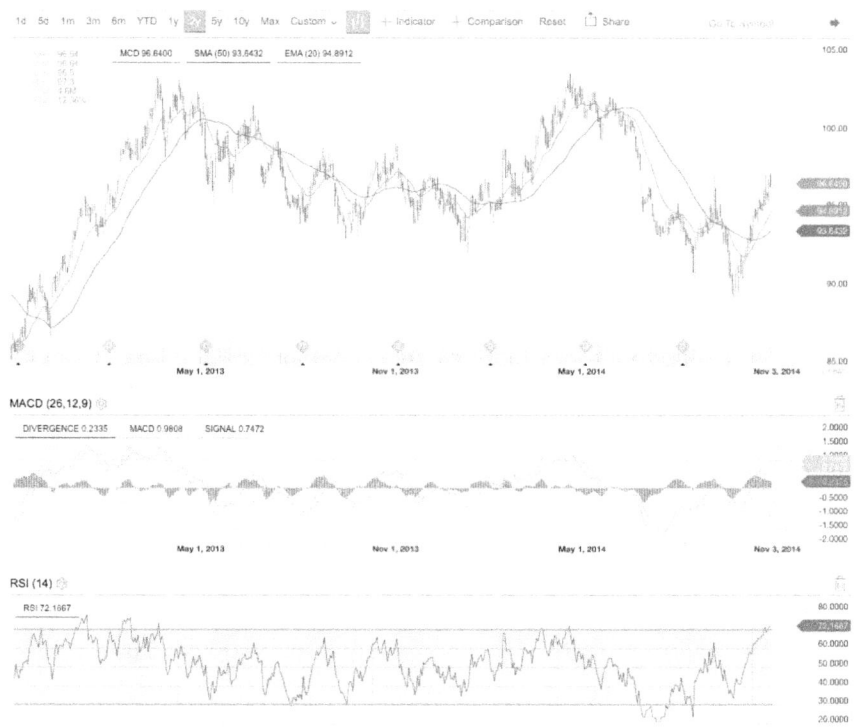

Figura: Gráfico diario de McDonald's

Realizando el mismo análisis sobre un gráfico diario de 2 años, confirmamos las conclusiones anteriores sobre la conveniencia de la compra a corto plazo. Sin embargo, en este caso el RSI aparece sobrecomprado por lo que podríamos esperar una pequeña corrección en los próximos días.

Análisis bursátil

El precio a considerar en el análisis bursátil es el más reciente, es decir, $96. Sin embargo el último informe financiero es de 2013 y nos encontramos a final de 2014 por lo que va a estar algo desactualizado; sin embargo, para una empresa tan estable como McDonald's no parece un gran problema. Los principales parámetros bursátiles son:

BPA=5586/990=$5,64 (5,88%)

PER=96/5,64=17,02

Capitalización bursátil=96*990Mill=$95.040 Mill

Price/book=95,04/16=5,94

Como análisis inicial, el BPA está bastante bien (la empresa gana al año $5,64 por cada acción que tiene en el mercado, es decir, un 5,88% de su valor), el PER parece bajo y el precio de la acción frente a su valor en libros parece razonable (unas 6 veces mayor).

En cualquier caso, debemos comparar estos valores con los de otras empresas del sector para que el análisis sea válido y relevante. Con respecto a Burger King, Yum! y Starbucks los resultados son francamente buenos, McDonald's los supera todos con diferencia:

	BPA	PER	Price/Book
McDonald's	$5,64 (5,9%)	17,02	5,94
Burger King	$0,87 (2,7%)	38,08	8,43
Yum!	$2,36 (3,1%)	21,85	13,20
Starbucks	$2,65 (3,4%)	30,64	12,25

La empresa forma parte de los índices S&P 500 y Dow Jones, con una Beta de

0,62 lo que supone bastante independencia con respecto al índice y poca volatilidad.

El sentimiento de mercado nos indica qué es lo que están haciendo la mayoría de inversores/especuladores y se puede deducir fácilmente del parámetro "Short % of Float", que nos indica el porcentaje de acciones posicionadas en corto (mediante productos derivados puedes apostar a que una acción va a bajar, y digo "apostar" porque es pura especulación) respecto de todo el *free-float* (total de acciones de la empresa que cotizan libremente en el mercado). En el caso de McDonald's es del 1.3% (fuente: quotes.morningstar.com), muy en la media del resto de competidores (Starbucks 1.3%, Yum! 1.1% y Burger King tiene un gran problema con su 40%). Además, el ratio *put/call* (número de opciones posicionadas a corto frente a las posicionadas a largo, un parámetro que nos indica qué están haciendo los traders de opciones) es menor del 1%, por tanto los traders de opciones son generalmente alcistas con McDonald's.

Por último, en la página del NASDAQ (http://www.nasdaq.com/symbol/mcd/insider-trades) podemos ver qué tipo de operaciones han hecho los "insiders" (personas de dentro de la empresa como pueden ser ejecutivos de la alta dirección) a lo largo del último año. En el caso de McDonal's todo han sido ventas, lo cual no es buena señal (si los ejecutivos de la empresa se están deshaciendo de sus acciones...).

En cuanto a la composición de los accionistas, un 65.3% del "float" está en manos de instituciones y un 0.04% lo controlan los "insiders".

Conclusión

McDonald's tiene una imagen potente y una posición de liderazgo clara en el mercado. Su evolución en términos de crecimiento es constante y consistente, y está presente en prácticamente todo el mundo.

Los datos fundamentales son francamente buenos, con cuentas bien saneadas y equilibradas. El nivel de endeudamiento es adecuado y la rentabilidad (EBIT) es alta. Además, la empresa tiene capacidad de generar flujos de caja positivos. La valoración por DFC resulta positiva, es decir, existe una oportunidad de compra ya que las acciones están infravaloradas, estando su precio justo alrededor de los $111.

Los datos bursátiles resultan muy atractivos en comparación con otras empresas del sector, e invitan a comprar acciones. La baja volatilidad y el reparto de dividendos convierten a McDonald's en una empresa perfecta para carteras a largo plazo y con poco riesgo. Sin embargo, el análisis técnico no detecta todavía señales de compra a largo plazo, aunque sí a corto para especular dentro de un movimiento lateral.

Hay que tener en cuenta que el dólar está muy fuerte en estos momentos respecto al euro (EUR/USD=1,24), lo cual encarece la acción para compradores europeos. Este factor resulta de gran importancia a la hora de comprar acciones que cotizan en otra divisa.

En resumen, dado que los parámetros en que se fija Warren Buffet para comprar acciones son todos positivos (imagen fuerte, bajo endeudamiento, alta rentabilidad y capacidad de generar caja) McDonald's es una buena empresa en la que invertir a largo plazo, prácticamente sin pensárselo mucho más. Sin embargo no está claro que este sea el mejor momento de comprar pues no hay una oportunidad clara en el análisis técnico y quizás sea conveniente esperar una bajada de precios o del dólar americano si tu cuenta es en otra divisa.

NOTA: este estudio es subjetivo y en ningún caso se intenta convencer al lector de comprar o vender acciones de McDonald's sino que se le anima a realizar su propio estudio y tomar sus propias conclusiones, tan solo se presenta como ejemplo ilustrativo de análisis.

ANEXO II: Ejemplo de análisis - CARBURES

Carbures Europe S.A. es una empresa multinacional española dedicada a la ingeniería y fabricación de estructuras de material compuesto (principalmente fibra de carbono), a la ingeniería de sistemas y a la prestación de servicios de ingeniería como consultoría y asesoría.

Análisis fundamental

Carbures consolida 9 empresas con 15 sedes repartidas entre España, USA, China, Polonia y México, y está presente en 3 grandes mercados: Europa, USA y China. Cuenta con 3 líneas de negocio diferentes (aeroespacial, automoción y obra civil) y una amplia cartera de clientes entre los que se encuentra Airbus Military, Airbus Operations (principal cliente), Boeing, Bombardier, TESLA, Navantia, Xcor, Protrra, Lockheed, BMW, etc.

La exposición política, geográfica y monetaria es por tanto relativamente baja. Además, el sector en que se mueve tiene fuertes barreras de entrada, especialmente debidas a la necesidad de inversiones altas y conocimiento técnico profundo. No hay demasiados competidores y alguno ya ha sido absorbido por Carbures.

El balance resumido de 2013 es el siguiente (cifras redondeadas, extraído del informe anual consolidado parte 1 (http://www.bolsasymercados.es/mab/documentos/InfFinanciera/2014/04/16162_InfFinan_20140430_1.pdf) y parte 2 (http://www.bolsasymercados.es/mab/documentos/InfFinanciera/2014/04/16162_InfFinan_20140430_3.pdf):

ACTIVO	PASIVO
Activo Fijo 78M€	Recursos Propios 41M€
	Exigible a largo plazo 50M€
Activo Circulante 36M€	Exigible a corto plazo 23M€

El fondo de maniobra positivo de 13M€ permite a la empresa cumplir con sus obligaciones a corto plazo. La razón circulante AC/PC es de 1,56 por lo que la empresa no tendrá problemas para afrontar los pagos a corto plazo aunque es un poco alto y puede indicar un pequeño despilfarro (hablando en terminología LEAN). Además, las deudas a largo plazo quedan cubiertas con el activo fijo.

Los recursos propios (siempre positivos o estaríamos en una quiebra técnica) suponen un porcentaje alto del total del pasivo, lo que indica que la empresa es solvente y está poco endeudada externamente (endeudamiento = 73/41 = 1,78). El 64% de los activos se financia con dinero externo (razón de apalancamiento = 73/114 = 0,64). El valor en libros de la empresa es 41M€.

Entrando más en detalle, calculamos las NOF, que son relativamente bajas y quedan cubiertas casi al completo con el FM (36M€-23M€=13M€):

NOF = clientes + existencias - proveedores – pagos atrasados = 23,1 + 3,27 – 11,9 = 14,47M€

La cuenta de resultados consolidada (y resumida) es (en M€):

+	Ventas	25,35 (100%)
-	Coste de Ventas	7,03*
=	**Margen Bruto**	**18,32 (72%)**
-	Gastos de Explotación	13,61**
=	**EBITDA**	**4,71 (18,6%)**
-	Amortizaciones	1,68
-	Provisiones	0
=	**EBIT**	**3,03 (11,9%)**
+/-	Ingresos/Gastos Financieros	-1,78
=	**EBT**	**1,85 (7,3%)**
-	Impuestos	-0,27
=	**Beneficio Neto**	**2,12 (8,4%)**

incluye Aprovisionamientos y Variación de existencias

**incluye Trabajos realizados para el activo (I+D), gastos de personal, subvenciones y otros gastos/ingresos de explotación*

Las ventas son 25,35M€ frente a los 4,9M€ de 2012, lo que supone un incremento enorme. Consigue beneficios (8,4% sobre ventas) tras varios años de pérdidas (esperadas) lo que supone que su expansión se afianza y la rentabilidad de la empresa se confirma; aunque el margen de explotación (EBIT= 11,9%) todavía no es muy alto no está nada mal para una empresa de ingeniería todavía en expansión.

El margen bruto es bastante alto (72%) e indica que el negocio en sí es rentable. El EBITDA queda bastante mermado en comparación (18,6%) pues los gastos de explotación concentran la mayor parte del gasto, especialmente en personal y otros gastos de explotación (alquileres, suministros, transportes…). Quizás los gastos fijos de la empresa sean demasiado altos.

La rentabilidad económica (ROA = 2,12/114 = 1,86%) todavía indica que no se rentabilizan suficientemente las inversiones realizadas (en 2013 se hicieron grandes inversiones en compras de empresas, todavía es pronto). Los recursos de los accionistas obtienen una rentabilidad mayor (ROE =2,12/41 = 5,17%).

La caja es positiva (3,26M€) pero se ha reducido en 8,52M€ a lo largo del año, lo que supone un cash-flow negativo principalmente debido a las inversiones realizadas aunque las actividades de explotación también han generado flujos de caja negativos.

Además, obtenemos otros datos interesantes del informe:

- La empresa apuesta fuerte por la investigación, invirtiendo en 2013 unos 4M€ (aproximadamente un 16% de la cifra de negocio) y recibiendo subvenciones para proyectos I+D por valor de 3M€.
- En 2013 se han adquirido las siguientes empresas para continuar con el crecimiento de la sociedad: MDU, COMPOSYSTEM, Monroy y FIBERDYNE, generando un fondo de comercio de unos 25M€ (todas ellas generaron beneficios en 2013 excepto Monroy que perdió 4k€). En 2014 se adquiere la empresa catalana MAPRO.
- La empresa cuenta con una autocartera de 40.917 acciones sobre un total de 19.057.841 (0,2%), un número bastante bajo.
- Los gastos de personal (estructura) suman 12M€ (47% de la cifra de negocio), una cifra alta pero se encuentra bien distribuida ya que tan solo tiene 20 directivos sobre un total de 535 empleados.
- Se aportan cifras agregadas (asumiendo que las empresas MDU, COMPOSYSTEM y MAPRO se hubieran adquirido en enero y el beneficio de todo el año entrara en la cuenta de resultados de Carbures en lugar de solamente la parte proporcional) que pueden dar una visión de lo que pasará en 2014: las ventas se multiplican por 2,5, el beneficio neto por 1,75 y la estructura pasa a suponer un 33,5% de los ingresos.
- Resulta curioso que los impuestos sobre beneficios sumen al beneficio neto en vez de restar. Esto se debe a que Hacienda debe dinero a la empresa por pagos adelantados en el pasado (ha tenido pérdidas) y queda dinero por compensar.

El plan estratégico de Carbures hasta el año 2016 recogido en este documento (http://www.bolsasymercados.es/mab/documentos/HechosRelev/2014/03/16162_HRelev_20140307.pdf) resulta bastante optimista aunque en cierta manera creíble pues el mercado de los composites está en plena expansión y Carbures ya ha demostrado en el pasado que sus predicciones son realistas (normalmente superándolas).

Vamos a valorar la empresa por el método de DFC. Las estimaciones están hasta 2016 (el CF ya está calculado por la empresa, usaremos el cash-flow derivado de las actividades de explotación) así que nos conformaremos con eso, confiando en que sean buenas:

$$VAN = \frac{CF_{2014}}{(1+k)^1} + \frac{CF_{2015}}{(1+k)^2} + \frac{CF_{2016} + VR_{2016}}{(1+k)^3}$$

Calcularemos la tasa de descuento mediante el WACC, considerando que la deuda cuesta un 5% y los inversores exigen una prima del 15%:

$$WACC = \frac{k_d D(1-t) + k_e E}{D+E} = \frac{0.05 * 73 * (1-0,3) + 0,15 * 41}{73 + 41} = 7,64\%$$

El valor residual de la empresa VR_n se calcula así:

$$VR_n = \frac{CF_{2016}(1+g)}{(k-g)} = \frac{41,8 * (1+0,03)}{(0,0764 - 0,03)} = 928,7M€$$

Donde g es la tasa de crecimiento constante, que podemos asumir baja a la larga, de un 3%.

	2014	2015	2016
EBIT	20,73	58,89	82,4
+Amortizaciones	6,68	13,89	14,34
-Impuestos	3	14,48	21,55
-Variación activo fijo	-174,88	6,37	2,5
-NOF	-25,17	-52,01	-78,99
=FCF	-169,64	41,62	41,8

Podemos calcular el *free cash-flow* desde 2014 hasta 2016:

La valoración final es:

$$VAN = \frac{-169,64}{(1+0,0764)^1} + \frac{41,62}{(1+0,0764)^2} + \frac{41,8 + 928,7}{(1+0,0764)^3} = 656,57 M€$$

Dividiendo este valor por el número de acciones de la empresa (19.057.841) obtenemos el valor teórico de las acciones: **34,45€**

Se puede comprar el valor obtenido con valoraciones de entidades profesionales, como esta de Beka Finance (http://www.bolsasymercados.es/mab/documentos/HechosRelev/2014/03/16162_HRelev_20140307.pdf) que estima el valor de la acción de Carbures en 45,1€, realizada mediante cálculos bastante más complejos y difíciles de comprender.

Como conclusión, ya que la empresa cotiza ahora mismo a unos 24€, podríamos decir que está infravalorada y merece la pena comprar. ¿En qué momento? Eso nos lo dirá el análisis técnico.

Análisis técnico

Lo primero que haremos será intentar estimar la tendencia del precio de la acción en el largo plazo mediante un gráfico diario de 2 años (la empresa lleva poco tiempo cotizando, no merece la pena mirar un plazo mayor y la frecuencia diaria es apropiada en este caso para calcular el SMA de 200 días):

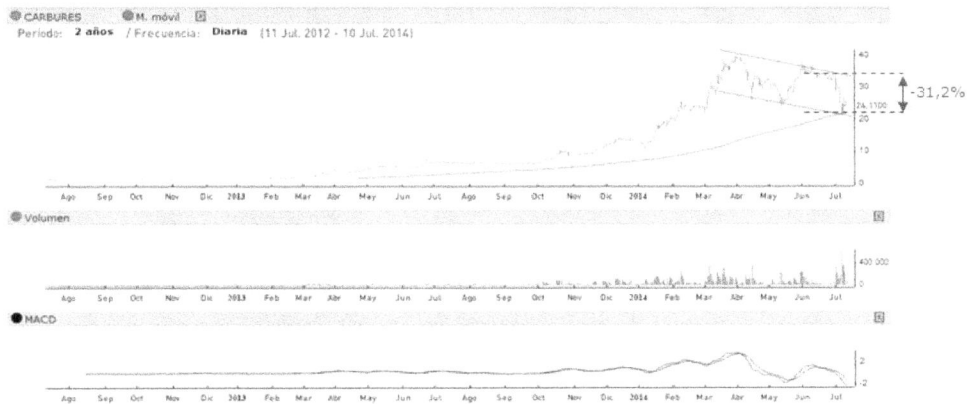

La acción lleva una tendencia alcista desde que comenzó a cotizar pero en los últimos meses se ha encontrado una situación difícil de analizar, en parte debida a la incertidumbre generada por Gowex que afecta a todo el MAB.

El precio tocó máximos en abril de 2014, cerca de los 40€, y desde entonces se ha generado un retroceso. Posteriormente se generó otro máximo en junio en los 36€. Esto se podría considerar como una banderola (figura de continuación), como muestran las líneas paralelas indicadas. También podría verse casi como un doble suelo que indica un cambio de tendencia así que hay que llevar cuidado. El volumen en los últimos días es muy alto y no consigue remontar el precio, aunque tampoco lo baja significativamente, por lo que probablemente se deba únicamente al ajetreo en el MAB tras el estallido de Gowex.

Actualmente el precio ha encontrado un soporte en el SMA de 200 sesiones, coincidiendo más o menos con el retroceso del 31,2% de Fibonacci desde su último máximo, así que si la figura fuese de continuación (banderola) sería el momento perfecto para comprar, aunque quizás convenga ser prudente y ver si el precio vuelve a su tendencia por si acaso rompiera estos soportes y cayera en picado.

Mirando en un plazo más corto (6 meses) y observando las EMAs de 40 y 20 sesiones vemos que se produjo un cruce tras la caída de Gowex que todavía indica tendencia bajista en el corto plazo. El MACD dice lo mismo y no se observan divergencias con el RSI, aunque marca sobreventa.

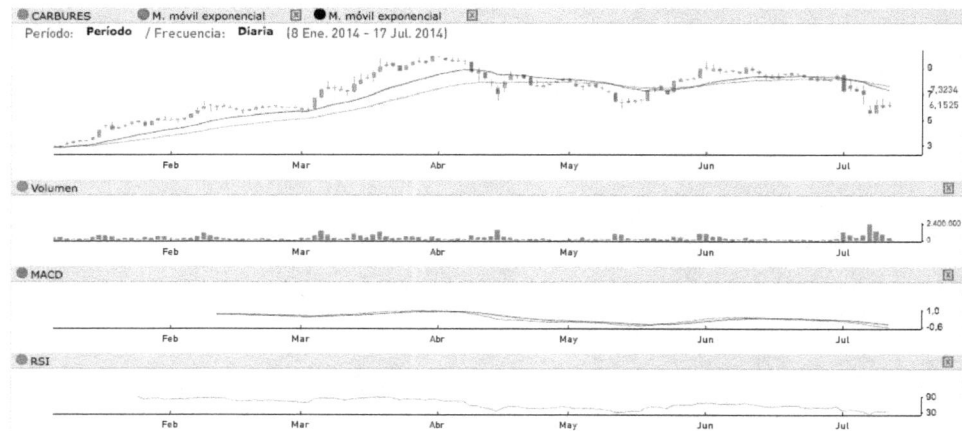

En resumen, parece un momento delicado para posicionarse. Si efectivamente las aguas del MAB se calman o Carbures pasa al Mercado Continuo como pretende es probable que sea el momento perfecto para adquirir acciones pero para reducir la incertidumbre parece sensato esperar un poco a que los indicadores cambien o que el precio rompa la línea alta de la banderola (se debería dar en 1 mes o así y estará por los 30€ aproximadamente) aunque compremos a un precio más alto. A partir de ahí encontraremos resistencias a 36€ y 40€.

Análisis bursátil

Para realizar el análisis bursátil debemos considerar el precio actual (ronda los 24€) y el último informe financiero, pero al ser este de 2013 y encontrarnos a mitad de 2014 va a estar muy desactualizado para una empresa en fase de expansión como es Carbures. En este caso, usaremos excepcionalmente la previsión para 2014. Los principales parámetros son:

BPA=7010/19057=0,37€

PER=24/0,37=64,86

Capitalización bursátil=24*19,057=457,39M€

Price/book value=457,39/41=11,16

Como vemos el BPA es muy bajo, solo un 1,5% del precio de la acción y el PER es altísimo (necesitaríamos 65 años para rentabilizar la inversión con beneficios netos de la empresa). Sin embargo, en este tipo de empresas cobra una importancia altísima la previsión a futuro cuando se consolide y se estabilice. Si cogiéramos la previsión a 2016 (no es tan largo plazo) que indica un beneficio neto de 50,287M€:

BPA=50287/19057=2,64€

PER=24/2,64=9,09

Estos valores son bastante aceptables (la inversión se rentabilizaría en 9 años). Además, el precio en relación al valor en libros (11,16) es relativamente bajo.

Si los comparamos con una empresa del mismo sector (las empresas que se han encontrado son significativamente más grandes que Carbures) observamos que efectivamente los valores son muy buenos:

	BPA	PER
Carbures	2,64€	9,90
SGL*	-5,34€	-
HUNTSMAN**	0,85$ (0,62€)	32,19
TORAY***	36,59Y (0,26€)	18,71

*SGL es un grupo de 6,000 empleados (12 veces más que Carbures) que en 2013 tuvo pérdidas

**HUNTSMAN emplea 12.000 personas en todo el mundo, unas 24 veces más que Carbures

*** *TORAY emplea unas 45.000 personas contando sus empresas subsidiarias, unas 90 veces más que Carbures*

Como la empresa no reparte dividendos y no forma parte de ningún índice no podemos calcular más parámetros bursátiles.

Conclusión

Carbures se mueve en un sector estable que se encuentra en plena expansión, igual que la propia empresa. Su evolución ha sido buena, creciendo mucho y consolidando buenos resultados rápidamente que han superado las propias expectativas.

El precio de las acciones de Carbures parece estar infravalorado por lo que resulta una opción atractiva para invertir a largo plazo. Sin embargo, el clima de tensión que vive la bolsa española, especialmente el MAB, no invitan a abrir posiciones. El análisis técnico indica que puede ser un momento bueno para comprar aunque arriesgado, sería prudente esperar un poco para ver cómo evolucionan las gráficas.

Los datos bursátiles de la empresa son buenos incluso comparándolos con otras empresas del mismo sector de mucho mayor tamaño (aunque este dato hace perder valor a la comparación).

En cualquier caso, al ser una empresa pequeña y cotizar en el MAB su volatilidad es alta y las carteras con tolerancia al riesgo baja o moderada no deben invertir en este tipo de valores.

NOTA: este estudio es subjetivo y en ningún caso se intenta convencer al lector de comprar acciones de Carbures sino que se le invita a realizar su propio estudio y tomar sus propias conclusiones, tan solo se presenta como ejemplo ilustrativo de análisis.

ANEXO III: Prepararse para Invertir

PaperTesting

Antes de empezar a invertir dinero real, TU DINERO, debes aprender lo máximo posible. Seguramente este no sea el primer libro que lees sobre Bolsa pero en cualquier caso no pares aquí, sigue estudiando, sé inquieto y curioso, y sobre todo OBSERVA.

Es fundamental observar los mercados antes de lanzarse a operar. Fíjate en cuándo se mueven los precios, con qué señales coinciden esos movimientos, cuántas veces falla este oscilador y cuántas acierta este otro y plantéate en cada momento qué harías tú. ¿Comprarías? ¿Venderías? ¿O esperarías?

El *papertesting* significa literalmente probar sobre el papel (la palabra que se usa normalmente es *papertrading* pero prefiero inventarme *papertesting* para evitar relacionarlo con la especulación), es decir, simular que estás invirtiendo sin poner en riesgo tu dinero real. Es un ejercicio imprescindible pasar una buena temporada (recomiendo un año aproximadamente) observando los mercados y apuntando qué harías en cada momento.

Apunta la fecha y los motivos que te llevaron a comprar o vender, posteriormente evalúa si la operación ha salido bien o mal y analiza las razones que te llevaron a hacer lo que hiciste (muchas páginas web te permiten crear carteras ficticias y hacer un seguimiento, no hace falta usar papel). Si acertaste vuelve a utilizar el mismo razonamiento en el futuro; en caso contrario, ¿por qué fallaste?

Y si las primeras veces aciertas no caigas en la tentación de pensar que estás perdiendo oportunidades y deberías empezar con dinero real, puede ser simple casualidad. Probablemente este será el tiempo mejor invertido de tu vida como inversor, y no tiene por qué ser aburrido, ¡tómatelo como un juego! ¿Ganaste o perdiste?

Compras y Ventas En Práctica

Las compras y ventas de acciones, o de cualquier otro producto, se realizan a través de la plataforma operativa de nuestro bróker mediante órdenes telemáticas de compra/venta. En estas órdenes especificamos cuántas acciones queremos comprar/vender, a qué precio y cuándo. Los principales tipos de órdenes son:

- **A mercado**: se compran/venden el número especificado de acciones al precio actual de mercado.

- **Limitada**: se establece un precio máximo (compras) o mínimo (ventas) para realizar la operación. Por ejemplo, si el precio actual es de 19,3 euros podemos ordenar una compra de 40 acciones a un precio máximo de 19,35.

- **Stop**: la orden no se emite hasta que la cotización no alcanza determinado precio, y en ese momento se lanza a mercado. Por ejemplo, si el precio actual es de 5,9 euros y tenemos identificada una resistencia en 6 euros podemos poner una ordena para comprar acciones cuando la acción supere los 6,1 euros (resistencia superada).

- **Stop-Limitada**: es un mix entre las dos anteriores la orden no se emite hasta que la cotización no alcanza determinado precio, y en ese momento se lanza limitada.

- **Por lo mejor**: es una orden limitada al mejor precio en el momento en que se lanza y todas las acciones en venta deben venderse como mínimo a ese precio.

Además, hay que considerar la duración de las órdenes ya que podemos elegir entre dejarlas activas solamente durante un día (day order) o durante varios (GTC-Good 'Till Cancelled) hasta un máximo de 3 meses.

Cuando Elijas tu Bróker

Nadie va directamente a la Bolsa a comprar acciones agitando los brazos y gritando histéricamente como vemos en las películas de Wall Street. Todo funciona de una forma menos glamurosa pero más práctica: desde el ordenador en casa a través de una plataforma informática. Esta plataforma nos comunica con nuestro bróker que hace de intermediario financiero entre nosotros y la Bolsa ejecutando nuestras órdenes de compra/venta.

El bróker es por tanto nuestra herramienta para interaccionar con el mercado, un elemento esencial que debe ser cuidadosamente seleccionado.

Cuando elijas tu bróker:

- Premia a quien ofrezca las **comisiones** más baratas en función de tu operativa: el bróker nunca es gratis, te va a cobrar prácticamente por todo lo cobrable y quizás también por lo incobrable (por cada compra, por cada venta, por cobrar dividendos, por custodiar tus acciones, por mantener tu cuenta activa, etc). Es vital que las comisiones sean razonables si no quieres que tu cuenta se quede a cero antes de haber cerrado siquiera una operación. Existen varios tipos de comisiones y conviene fijarse más en unas u otras dependiendo de si se va a operar a largo o a corto plazo.

- Asegúrate de que te permite operar en los **mercados** que te interesa: ¿en qué mercado vas a operar? ¿En el de acciones españolas, en el de acciones americanas, en el de divisas, en el de derivados...? Tu bróker debe darte acceso a estos mercados.

- Paga por la **información bursátil** que te ofrecen solamente si la vas a utilizar: algunos brókers ofrecen como servicio al cliente consejo e información sobre la evolución de los mercados. Estos brókers llamados full-service son más caros que los discount brokers, que no ofrecen estos servicios. Si este va a ser un medio de consultar de información y consideras que merece la pena pagar por él debes asegurarte de que el servicio sea de calidad (qué tipo de información ofrece, sobre qué mercados, cada cuánto actualiza la información, etc) y que el coste con respecto a un discount broker es aceptable.

- Fíjate en la calidad de la **plataforma**: como trader/inversor vas a introducir tus órdenes de compra/venta a través de una plataforma informática proporcionada por el bróker. Esta plataforma debe ser lo más cómoda e intuitiva posible. Seguramente esto no lo averigües hasta que empieces a operar así que será de gran ayuda abrir una cuenta de prueba.

- Asegúrate de que te permite poner en el mercado todos los tipos de **stops** y **órdenes** que quieres utilizar: hay muchos tipos de stops y órdenes posibles y no todos están disponibles en cualquier bróker. Por ejemplo, puede ser que todos los stop-loss permitidos caduquen al final del día y por tanto no sirvan para inversores que no sean intradía.

- Valora la información de seguimiento de **cartera**: aunque hagas un seguimiento de tu cartera de inversión mediante otra herramienta más potente o simplemente en Excel puede ser de gran ayuda obtener datos directamente del bróker. Si esta información está disponible y además se presenta de una forma clara dale al bróker un punto a favor.

En general no se puede decir que un bróker sea mejor que otro sino que para un trader intradía que opera exclusivamente en el mercado americano le puede convenir un bróker en concreto que a lo mejor no es el mejor para un inversor a largo plazo que solamente opera en el mercado español. De hecho, es recomendable tener varios brókers si se va a operar con varias estrategias dispares. Utilizar uno para mercados europeos y otro para mercados americanos según sean las comisiones, o uno para las operaciones a corto plazo y otro para aquellas a largo plazo.

En cualquier caso antes de contratar un bróker hay que hacer una investigación exhaustiva en la red comparando tarifas y servicios, asegurándose de que cubre todas nuestras necesidades, leyendo opiniones en foros, etc.

Estos son algunos de los brókers más ampliamente reconocidos:

- Bankinter

- ActivoTrade
- Interactive Brokers
- ING Direct
- Interdin (bueno para CFD's)
- CMC Markets

Plataforma operativa

La plataforma operativa se refiere al programa software a través del cual generamos nuestras órdenes de compra/venta. Normalmente los brókers ofrecen plataformas operativas más que suficientes para un inversor normal pero si tu perfil es más profesional o haces trading de "altos vuelos" puedes necesitar algo más completo que aporte otras opciones operativas (por ejemplo, más tipos de órdenes o la posibilidad de programar sistemas de trading automáticos).

En tal caso puedes adquirir una plataforma operativa y sincronizarla con tu bróker de manera que solo uses la plataforma operativa y lo hagas todo a través de ella.

Se trata de programas informáticos profesionales que deberemos instalar en nuestro ordenador. Algunos de los más extendidos son VisualChart, ProRealTime, Metatrader o NinjaTrader, que acceden a una base de datos y nos presentan en pantalla la información que necesitamos. En general, estos programas son gratuitos para información diferida (retrasada 15 minutos) pero piden altas cuotas para obtener la información en tiempo real. VisualChart es sin duda el más prestigioso pero también uno de los más caros, puedes ver las tarifas en http://www.visualchart.com/precio/?it=436&pnl

Repito, para un inversor de a pie no es necesaria ninguna de estas plataformas.

Fuentes de información

La información es la principal herramienta que tenemos para tomar decisiones de compra/venta. La información puede ser desde indicadores técnicos hasta noticias de economía internacional, en esta sección veremos las fuentes más fiables.

Para realizar un análisis fundamental de una empresa concreta deberemos analizar sus balances y cuentas de resultados. Ambos documentos están disponibles en la propia página web de la empresa, normalmente recogidos en un documento llamado "Informe anual" que incluye además otra información relevante para el accionista. Este informe es de obligada publicación para las empresas que cotizan en Bolsa, por lo que debe estar disponible. Para las empresas americanas este informe se llama "Form 10-K".

También se puede encontrar información útil acerca de las empresas cotizadas en las páginas de los organismos reguladores: en España la CNMV (www.cnmv.es) y en USA la SEC (www.sec.gov).

En cuanto a la información sobre indicadores bursátiles (BPA, PER...) existen muchísimas páginas financieras que la ofrecen, yo recomiendo la sección financiera de Yahoo!: www.finance.yahoo.com

Para realizar un análisis técnico, www.finance.yahoo.com y www.infobolsa.es ofrecen buenos gráficos editables a nuestro gusto. En Infobolsa te puedes registrar de forma gratuita y acceder a gráficos más potentes. Si bien la plataforma operativa de nuestro bróker puede ser suficiente, normalmente la información que ofrecen suele dejar mucho que desear.

Dicho todo esto, la web más completa probablemente sea www.morningstar.com. Aquí podemos encontrar toda esta información integrada y más, como por ejemplo informes industriales sobre diferentes sectores o histórico de reparto de dividendos para cada compañía.

Además, es recomendable estar actualizado con las últimas noticias económico-financieras. Para ello puedes leer diarios financieros on-line o seguir blogs de expertos (estos además te pueden dar buenas ideas para tus inversiones personales). Estas son mis recomendaciones:

Infobolsa	Yahoo!
www.infobolsa.es	www.finance.yahoo.com
Financial Times	El Blog Salmón
www.ft.com/home/europe	www.elblogsalmon.com
Expansión	GurusBlog
www.expansion.com	www.gurusblog.com
elEconomista.es	InBestia
www.eleconomista.es	www.inbestia.com
CincoDías	Estrategias de Inversión
www.cincodias.com	www.estrategiasdeinversion.com
Morningstar	Bloomberg
www.morningstar.es	www.bloomberg.com
YCharts	Guru Focus
www.ycharts.com	www.gurufocus.com

La voz de los expertos

Hay expertos en todo y en Bolsa no podría ser diferente. Muchos de ellos tienen blogs personales, escriben en diarios especializados o salen en algún programa de televisión y dan sus pronósticos sobre el futuro de la Bolsa o de tal empresa.

Algunos de ellos razonan sus predicciones de manera increíble y pueden acertar o no pero la mayoría son falsos gurús que ganan algo cuando tú inviertes en los valores que recomiendan (quizás tengan contratos con algún bróker o simplemente buscan aumentar la demanda porque ellos tienen esos valores en sus carteras y quieren que suban un poco más antes de vender).

En cualquier caso no debes confiar en nadie de primeras, lo mejor es esperar y comprobar varias veces si uno de estos expertos suele acertar o no antes de fiarse de él. Las agencias de rating (Moody's, Standard & Poor's, Fitch, etc) pueden ser unos de estos falsos expertos que se mueven por intereses, y si no, recordad que la calificación de Lehman Brothers era máxima justo antes de quebrar.

En general no es mala idea hacer lo contrario que digan los medios pues estos empiezan a pregonar bonanzas en Bolsa tras subidas exageradas o burbujas, justo antes de que exploten y todo caiga. Y viceversa, cuando los precios han caído demasiado y hay buenas oportunidades de compra todo el mundo habla de lo mal que está el panorama, pero justo ese es el momento de comprar. A esta estrategia se la conoce como "el sentimiento contrario", es decir, hacer justo lo contrario de lo que la mayoría diga, y suele funcionar en muchos casos.

Libros recomendados

Existen miles de libros sobre la especulación y la inversión, algunos de los cuales son realmente útiles y otros solamente servirían para ponerlos bajo la pata de una mesa coja. En cualquier caso es muy recomendable leer mucho sobre el tema, pero siendo siempre crítico y quedándose con lo que realmente es útil para cada perfil de inversor.

Los libros que aquí cito son los que más me han servido para aprender acerca de la Bolsa, libros con información realmente útil y escritos por profesionales del tema. Por orden, estas son mis recomendaciones para seguir aprendiendo:

El inversor inteligente (Benjamin Graham)

Puede ser el mejor libro jamás escrito sobre la inversión de valor a largo plazo, filosofía que después ha seguido siempre Warren Buffet con evidente éxito. Es un libro para todos los públicos en el que el autor razona con sensatez su visión sobre la inversión y la conducta de los mercados. Aunque está un poco anticuado la filosofía de inversión de Graham es perfectamente aplicable.

Vivir del Trading (Alexander Elder)

Un libro bastante completo sobre el trading. El psiquiatra Alexander Elder resume acertadamente el mundo del trading en 3 pilares básicos: psicología del trader, análisis técnico y gestión del dinero. Especialmente interesante por el análisis psicológico del trader que ayudará a evitar comportamientos ruinosos.

Leones contra gacelas (José Luis Cárpatos)

Puramente especulativo, aunque con ciertas lecciones de análisis fundamental, en este libro José Luis Cárpatos descubre sus trucos para ganar a los mercados y no caer en las artimañas de los "leones". Su descripción de lo que se esconde detrás de cada señal de análisis técnico, del comportamiento del mercado que las genera, es especialmente interesante.

Diccionario de Bolsa

Acciones: participaciones de una empresa que cotizan en el mercado.

Activo: bien o derecho del que se obtiene un beneficio económico a futuro.

Análisis fundamental: análisis que persigue conocer el valor real de una acción a través del estudio de la empresa que emite los títulos.

Análisis técnico: análisis bursátil que utiliza las gráficas de precios y datos de volumen para predecir tendencias futuras en los precios.

Balance: documento contable emitido anualmente por las empresas cotizadas que muestra su situación financiera en un momento determinado.

Blue-Chip: gran empresa bien asentada en el mercado con ingresos constantes y, por tanto, baja volatilidad (por ejemplo McDonald's, Coca-Cola, Telefónica...).

Bróker: agente (individuo o empresa) que actúa de intermediario entre comprador y vendedor, en este caso entre el inversor y el mercado.

Capital: recursos, bienes o valores que se ponen a disposición para llevar a cabo una actividad rentable, en este caso dinero que invertimos en acciones, bonos y otros activos financieros.

Cartera: conjunto de activos financieros en los que se ha invertido el capital.

Cotización: valor que adquiere un activo (por ejemplo una acción) en el mercado y que cambia en función de la oferta y la demanda.

Cuenta de Resultados: documento que recoge los ingresos y gastos de una empresa en un período de tiempo dado y permite conocer a qué se deben las pérdidas o ganancias de una empresa.

Diversificación: acción de repartir la inversión en activos no relacionados entre sí para disminuir el riesgo.

Dividendo: cantidad de beneficio con que las empresas retribuyen a sus accionistas.

Divisa: moneda que cotiza en el mercado monetario

Gráfico: representación del precio de un activo en función del tiempo.

Indicador técnico: parámetros estadísticos calculados a partir de datos de precio y volumen pasados que pretenden identificar puntos de compra y venta de un activo así como predecir tendencias en los precios futuros.

Inflación: incremento del precio de los bienes y servicios en un periodo de tiempo.

Liquidez: facilidad para convertir en dinero (vender) un activo sin perder valor.

Plusvalía: ganancia obtenida de la venta de un activo a un precio mayor al que fue comprado.

Posición corta: venta de activos prestados con la intención de comprarlos en un futuro a un precio menor y devolverlos, obteniendo así una plusvalía. Sí, es posible vender activos financieros sin haberlos comprado previamente.

Posición larga: compra de activos con la intención de obtener una rentabilidad en el futuro.

Pull-back: vuelta momentánea del precio de un activo a los valores iniciales tras un cambio fuerte de tendencia.

Rentabilidad: capacidad de un activo de generar beneficios sobre la inversión realizada.

Tendencia alcista: patrón en que los precios aumentan progresivamente.

Tendencia bajista: patrón en que los precios disminuyen progresivamente

Tendencia lateral: patrón en que los precios varían poco, normalmente oscilando entre un valor mínimo y un valor máximo.

Tipos de cambio: relación entre los valores de diferentes divisas. Por ejemplo, el tipo de cambio EUR/USD es de 1,28.

Tipos de interés: coste del crédito, es decir, porcentaje que hay que pagar por recibir prestado un capital.

Trader: persona que practica la compra-venta de activos con fines lucrativos

Valores: activos que cotizan en Bolsa.

Volatilidad: medida de la capacidad que tiene un activo de cambiar bruscamente su valor en el mercado (sinónimo de riesgo).

Volumen: cantidad de operaciones de compra-venta de un activo que se realizan en un periodo de tiempo determinado.

DISCLAIMER

Toda la información contenida en este libro es original del autor. Los gráficos han sido generados mediante las aplicaciones gráficas de las páginas web http://es.finance.yahoo.com/ y http://infobolsa.es/.

Queda prohibida la reproducción, transmisión o cualquier otro uso de la información contenida en este libro sin autorización explícita del autor.

El autor hace todo lo posible por asegurar la exactitud y actualidad de la información contenida en este libro. Sin embargo, el autor no asume garantía o responsabilidad alguna por la exactitud, integridad o aptitud de la información contenida o referida en este libro. Tanto el acceso como el uso de la información contenida o referida en este libro se realizan bajo la responsabilidad exclusiva y a propio riesgo del lector. Ni el autor ni ninguna persona o empresa involucrada en la creación, la introducción de la información o la transmisión de la información de este libro asumen responsabilidad alguna por cualquier daño derivado del acceso, uso o cualquier fallo durante el uso o algún error u omisión relacionados con el contenido del libro.

Por otra parte, el autor no asumirá responsabilidad alguna por inversiones o gastos infructuosos o contraproducentes ni por transacciones con pérdidas, derivados del acceso, uso o algún fallo en el uso del contenido de este libro.

www.ingramcontent.com/pod-product-compliance
Lightning Source LLC
Chambersburg PA
CBHW051718170526
45167CB00002B/707